これならできる 地方自治体の内部統制整備

元国際教養大学客員教授
公認会計士
土田義憲

ロギカ書房

はじめに

　地方自治体は、あらかじめリスク（住民の福祉の増進を図ることを基本とする組織目的の達成を阻害する要因）があることを前提として、法令等を遵守しつつ、適正に業務を執行することが求められています。

　都道府県知事、指定都市の市長、及び内部統制に関する方針を定めた市町村長（以下、「首長」という）は、毎会計年度少なくとも1回以上、整備した**内部統制体制**について**評価**した報告書を作成し、監査委員の**審査**に付し、監査委員の意見を付けて議会に提出し、住民へ公表しなければなりません。

　現在のところ、首長の評価及び監査委員の審査の対象になる内部統制対象事務は、**財務に関する事務**に限定されていますが、将来的には、組織目的の達成を阻害するすべての要因を対象とした内部統制にまで拡大することが予定されています。

　そこで本書では、最初に、総務省が公表している「地方公共団体における内部統制制度の導入・実施ガイドライン」を参考に、筆者の内部統制に関する実務経験を基に、地方自治体が実施する**財務に関する事務に係る内部統制の評価**の実務について取り上げます。

　記述にあたっては、「地方公共団体における内部統制制度の導入・実施ガイドライン」に示されている「この場合は、こうする」だけでなく、「"なぜ"こうするのか」の記述に心がけています。

　それに加え、内部統制体制の評価の実務を、より**効果的、かつ効率的に進める方法**についても提案します。

　さらに、将来拡大することが予定されている、地方自治体としての組織目的の達成を阻害する**すべての要因（リスク）を対象とした内部統制の評**

ii　はじめに

価の手順と評価にあたって留意すべき点を明らかにします。

　本書では、内部統制は、リスクの発生可能性と発生した場合の影響を十分に適切なレベルまで低減するために、内部統制の構成要素、特に統制活動を業務の中に組み込んで運用することによって機能することを全面に押し出しています。

　他方、住民の生活に大きな影響を及ぼす自然災害、事故あるいは感染症などのような事象については、たとえ内部統制を整備しても、発生の可能性、あるいは発生した場合の影響を低減することはできません。

　こうした事態への対応は、**発生後の対応を中心とした危機管理**の観点から対応する必要があります。発生に備えた事前の準備と、災害発生時の対応訓練などを繰り返すことによって、被害が連鎖拡大するのを小さくすることは可能だからです。本書では、これについても取り上げます。

　地方自治体の内部統制の推進担当者及び評価実施者が、内部統制整備に必要な知識とスキルを習得し、納得して作業に従事できるようになるのに、本章がお役に立てれば幸いです。

2025 年 3 月

公認会計士、元国際教養大学客員教授

土田　義憲

（読者へのお願い）

　本書は、地方自治体の内部統制制度の**あるべき姿**を明らかにすることを目指したものです。「地方公共団体における内部統制制度の導入・実施ガイドライン」の詳細な解説を試みたものではありません。

　「地方公共団体における内部統制制度の導入・実施ガイドライン」は、地方公共団体が**財務に関する事務等に係るリスク**を低減する内部統制の整備と評価を進めるのに資する啓蒙的な記述を随所に含んでいます。本書は、本書の記述に必要な範囲で、その一部を取り上げています。

　本書は、「地方公共団体における内部統制制度の導入・実施ガイドライン」と一緒にお読みいただくことをお勧めします。

目　次

序　章　地方自治体の経営目的とガバナンス

　1）地方自治体の経営目的　*2*
　2）地方自治体のガバナンスの特徴　*2*
　3）内部統制制度の導入　*4*
　4）内部統制がもたらすガバナンス強化　*5*

第1章　財務に関する事務等に係る内部統制

1-1　地方自治法第150条　*8*
　1）要求内容　*8*
　2）財務に関する事務とリスク　*9*
　3）導入の背景　*10*
1-2　内部統制とは何か？（内部統制の定義）　*12*
　1）内部統制の基本的な枠組み　*12*
　2）内部統制制度における内部統制の範囲　*14*
　3）各構成要素の機能的関係　*15*

第2章　内部統制制度の導入・実施の実務（現行の実務）

2-1　内部統制に関する方針の策定　*18*
　1）内部統制に関する方針　*18*
　2）記載内容　*18*

vi 目 次

　　　　3）改 訂　*18*

2-2　**内部統制の整備体制（事前準備）**　　　　　　　　　　　*19*

　　　　1）全庁的な組織体制　*19*

　　　　2）業務レベルの整備体制　*22*

2-3　**内部統制の整備**　　　　　　　　　　　　　　　　*29*

　　　　1）ガイドラインのスタンス　*29*

　　　　2）全庁的な内部統制の整備　*30*

　　　　3）業務レベルの内部統制の整備　*33*

2-4　**内部統制の評価及び報告書**　　　　　　　　　　　*36*

　　　　1）内部統制の評価　*36*

　　　　2）全庁的な内部統制の評価　*37*

　　　　3）業務レベルの内部統制の評価　*41*

　　　　4）有効性評価（不備、重大な不備の判定）　*42*

　　　　5）報告書の作成・報告　*47*

2-5　**監査委員による審査**　　　　　　　　　　　　　　*49*

　　　　1）評価手続に係る記載の審査　*49*

　　　　2）評価結果に係る記載の審査　*51*

　　　　3）審査意見　*53*

第3章　令和6年改訂ガイドラインの考察 （現行実務への 15 の提言）

3-1　制度のフレーム　　　　　　　　　　　　　　　　　*56*

　　　　1）市町村長の内部統制に対する努力義務と最低限の義務　*56*

　　　　2）財務に関する事務以外の内部統制対象事務　*58*

　　　　3）業務アプローチの内部統制評価　*61*

3-2　内部統制の枠組み　　　　　　　　　　　　　　　　*65*

　　　　4）リスクの評価と対応　*65*

3-3　内部統制を整備する体制　　　　　　　　　　　　　*68*

　　　　5）内部統制推進部局、評価部局、監査委員の三重構成　*68*

3-4　リスクの識別　　　　　　　　　　　　　　　　　　*71*

目 次　*vii*

　　6）全庁的リスクの識別　*71*

　　7）業務レベルの個別リスクの識別　*72*

　　8）対象は対策前のリスク　*74*

　　9）財務に関する事務に係る部局の識別　*76*

　　10）各部局が抱えるリスクの識別　*81*

3-5　内部統制の評価 ……………………………………………………… *83*

　　11）リスク対応策と統制活動の区分　*83*

　　12）全庁的な内部統制と業務レベルの内部統制の関係　*84*

　　13）運用上の不備の判定　*86*

　　14）運用上の重大な不備の判定　*88*

　　15）重大な不備がない場合での公表　*89*

第 4 章　担当者の知識・スキルアップへの提言

4-1　誰に担当させるか？ …………………………………………………… *92*

4-2　内部統制推進部局と評価部局 ………………………………………… *93*

　　1）機 能　*93*

　　2）役割のゴール　*93*

4-3　内部統制の特徴 ………………………………………………………… *94*

　　1）ゼロにはできないが、少なくはできる　*94*

　　2）工場の品質管理との共通点　*94*

　　3）全職員への周知徹底　*95*

4-4　有効性評価に必要な要素 ……………………………………………… *96*

　　1）人 材　*96*

　　2）知 識　*97*

　　3）メソドロジー　*97*

　　4）テクノロジー　*98*

4-5　専門部署の新設とアウト・ソーシング …………………………… *99*

　　1）専門部署の新設か、アウト・ソーシングか？　*99*

　　2）アウト・ソーシングのメリット V/S デメリット　*99*

viii　目　次

　　3）アウト・ソーシングの種類　*100*

第5章　地方自治体の内部統制制度の拡大展開（将来の実務への提言）

5-1　制度の将来の拡大 ………………………………………………………… *104*

　　1）内部統制制度における内部統制の範囲　*104*
　　2）内部統制対象事務の拡大　*104*
　　3）地方自治体の行政サービスとリスクの全貌　*105*
　　4）リスク・アプローチによる内部統制評価への移行　*107*

5-2　リスクの種類と内部統制の例 ………………………………………… *108*

　　1）導入・実施ガイドラインのリスク　*108*
　　2）地方自治体のリスクの種類の検討　*108*
　　3）リスクに対する内部統制の例　*118*

5-3　内部統制整備の方法 …………………………………………………… *128*

　　1）既存組織の評価　*128*
　　2）新設組織の整備　*129*
　　3）統制活動と内部統制　*130*

5-4　全庁的なリスクの識別と評価 ………………………………………… *131*

　　1）リスクの識別　*131*
　　2）重要性評価　*134*
　　3）重要性の高いリスクの選別　*136*

5-5　リスクに関係する部局の識別 ………………………………………… *137*

　　1）各部局の行政サービス　*137*
　　2）行政サービスに関するリスク　*138*
　　3）事務フロー分析　*139*
　　4）事務手続とリスクの関連付け　*142*
　　5）行政サービスの事務フローと財務に関する事務フローの関係　*144*

5-6　リスクがある箇所の識別 ……………………………………………… *149*

　　1）業務に潜在するリスクの識別　*149*
　　2）事務フローとのリンク　*150*

目　次　*ix*

5-7　既存の内部統制の有効性評価 ································· *151*

　　1）有効な内部統制とは？　*151*

　　2）評価の対象　*152*

5-8　内部統制の不備と改善指示 ································· *154*

　　1）有効性の判断規準　*154*

　　2）残存リスクの評価　*154*

　　3）改善提案　*155*

5-9　改善提案報告書の作成 ·· *157*

第6章　リスク管理と危機管理

6-1　リスク管理と危機管理の関係 ····························· *160*

　　1）自然災害等は内部統制で低減できない　*160*

　　2）リスク管理・危機管理が重視される背景　*161*

　　3）リスク管理とは何か？　*163*

　　4）危機管理とは何か？　*164*

　　5）両者の関係は？　*165*

6-2　自然災害や感染症等に備える ····························· *167*

　　1）一般的な対応　*167*

　　2）地震災害の特徴と対応　*170*

　　3）風水害の特徴と対応　*174*

　　4）感染症災害の特徴と対応　*177*

6-3　職員の不祥事行為に備える ································· *181*

　　1）不祥事行為と懲戒処分　*181*

　　2）不祥事行為の防止　*185*

　　4）不祥事行為が発生した場合の対応　*188*

x　目　次

終　章　行政サービスの改善に向けて

　　1）行政サービスが目指すもの　*194*
　　2）自治体の職員と住民の感覚的ギャップ　*194*
　　3）品質に無関心になる背景　*195*
　　4）内部統制整備の意義　*197*

用語の引用

導入・実施ガイドライン：

　　「地方公共団体における内部統制制度の導入・実施ガイドライン」（総務
　　省、平成 31 年 3 月、令和 6 年 3 月改訂））

ガイドライン Q&A：

　　地方公共団体における内部統制制度導入・実施ガイドラインに関する
　　Q&A（総務省自治行政局、令和元年 10 月、令和 6 年 3 月改訂）

序 章
地方自治体の経営目的と
ガバナンス

序章 地方自治体の経営目的とガバナンス

1）地方自治体の経営目的

　地方自治体には「住民の福祉の増進を図る」という基本的な達成目的があります。そして、地方自治法第2条第14項は、「地方公共団体は、その事務を処理するに当って は、住民の福祉の増進に努めるとともに、最小の経費で最大の効果を挙げるようにしなければならない」としています。

　この目的を達成するために、地方自治体の首長（知事、市町村長など）と職員は、同じ方向に向かって、共に歩む必要があります。

2）地方自治体のガバナンスの特徴

①　4年ごとの交代の可能性

　しかし現実問題として、首長は4年ごとに変わる可能性がありますが、職員は終身雇用です。地方自治体の職員は、行政経験が首長よりも長い者が多く、新しい首長が新方針を打ち出しても、従来の方法にこだわり、新首長の方針に困惑することがある、という境遇におかれています。

　すなわち、新首長の方針に対しては"4年間我慢すれば良い"という考えに陥りやすい、というガバナンス上の特徴があります。

②　長い期間のノウハウ

　地方自治体には、戦後からの長い期間にわたって培われてきた行政上のノウハウがあります。これに乗って事務を進めていけば、一通りの行政をこなすことができます。

　地方自治体が処理する事務には、法定受託事務と自治事務があり、自治事務はさらに法令により義務付けられた法定自治事務と任意で行う任意自治事務があります。法定受託事務と法定自治事務は、創意工夫の余地はあるものの、全国一律に処理することが求められます。このような事務の処理には、過去の経験や前例踏襲が大きな意味を持ちます。

　このため、首長が斬新な政策を打ち出しても、「これまでは、このよう

にして事務処理を進めてきた」と考える職員が少なからず存在すると想像することは困難ではありません。そして「行政を知らない首長が何を言っているのだろう」という意識が職員間に出やすい環境にあると考えられます。

他方、打ち出す政策が思うように進まないことによるフラストレーションが首長に蓄積し、それが近年の首長によるハラスメント発言につながっている側面もあると想像されます。

首長の 斬新な政策	V／S	職員の長い 実務経験

③ 定期的な人事異動

地方自治体では、定期的に人事異動が行われます。定期的な人事異動は、許認可等を受ける側の業者との馴れ合いや癒着による不正の防止、職員の能力開発、職場の活性化のために行われています。

この結果、職員の担当部署が定期的に変更になります。これまで経験したことのない部署へ移動になることも珍しくありません。標準化された統制手続が存在せず、業務マニュアルや事務フローなどが十分に整備されていない場合は、異動直後の経験のない部署での事務を、効率的、かつ効果的に実施するというわけには行きません。当然ながら、事務のやり直し等が生じ、地域住民が望む行政サービスを提供するための時間も掛かることになります。

「タイム　イズ　マネー（時は金なり）」と言う言葉があります。行政サービスを受けるために時間がかかるということは、地域住民にとっては、お金がかかることと同じことです。これは、同じお金で受けられる行政サービスの質の低下にほかなりません。

3）内部統制制度の導入

① 現在の地方自治体に求められているもの

　少子高齢化による財源の縮小と介護サービス等への支出増大への要望が高まっている今日においては、培われてきた行政のノウハウはノウハウとして確保しつつ、「最小の経費で最大の効果を挙げるように」事務を執行することが求められます。

　そのために地方自治体は、"最小の経費で最大の住民の福祉の増進を図る"という組織目的の達成を阻害する事務上の要因をリスクとして識別及び評価し、その発生と発生した場合の影響を低減するための対策を講じることで、法令に適合した適正な事務の執行を確保することが求められています。

② 内部統制整備の効果

　事務の執行が法令に適合し、かつ、適正に行われることを確保するために定めた方針に基づいて整備した体制を、内部統制と言います。

　詳細は後述しますが、「内部統制とは、基本的に、①業務の効率的かつ効果的な遂行、②報告の信頼性の確保、③業務に係る法令等の遵守、④資産の保全の4つの目的が達成されないリスクを一定の水準以下に抑えることを確保するために、業務に組み込まれ、組織内のすべてのものによって遂行されるプロセス」です。

　すなわち、適切な内部統制を整備することによって、4つの目的が合理的に達成できる確証を得ることができるのです。もちろん、内部統制には限界もありますので、100％完全に達成できるわけではありませんが、合理的なレベルでは達成することができます。

　内部統制が整備された事務手続を確立することによって、これまで職員個人の能力や経験に頼っていた4つの目的の達成がシステマティックに、誰が事務手続を執行しても達成することができるようになるのです。

③ 事務手続の可視化

　適切な内部統制を整備するには、内部統制の４つの目的の達成を阻害する要因、すなわちリスクを識別する必要があります。それには、現在の事務手続をフローチャートにするなどの方法によって、**事務手続の可視化**を図ることが有効です。

　可視化された事務手続に基づいて、地方自治体の組織目的の達成を阻害する要因（リスク）を十分に適切なレベルまで低減する内部統制を組み込んだ事務手続を確立し、それを業務マニュアルなどに記録し、職員の誰でもが見られる状態にしておくことによって、システマテックな事務手続の執行が可能になる確率が高くなるのです。

4）内部統制がもたらすガバンス強化

① 首長のガバナンス強化

　マニュアル化された事務手続を見ることによって、４年ごとに交代する可能性がある首長も、短期間で、長年にわたって蓄積されたノウハウを含んだ庁内の事務手続を容易に理解できるようになります。

　すなわち、首長は全庁にわたって職員が展開する事務手続を把握しやすくなるので、各事務部門へ配置する人員や投下する予算の額や必要性も把握できるようになります。その結果、首長が日常業務の管理・監督機能につぎ込む労力は軽減されることになります。

　その軽減された職員や予算などの資源を自らが掲げる政策課題に重点的に投入することができるようになります。

② 職員の事務手続の効率化

　事務手続の可視化と業務マニュアルの整備は、職員の人事異動の際の事務引継を容易にする、事務の担当者が代わっても地域住民に対して同じ品質の行政サービスを継続的に提供することができる可能性を高める、などの効果があります。

6 序 章 地方自治体の経営目的とガバナンス

　これは、内部統制の目的の１つである“業務の効率的かつ効果的な遂行”にほかなりません。

内部統制制度導入のメリット（導入・実施ガイドラインより）

　内部統制制度の導入により、首長にとってはマネジメント機能が強化され、政策的な課題に対して重点的に資源を投入することが可能になる。

　職員にとっては、業務の効率化や業務目的のより効果的な達成等によって、安心して働きやすい魅力的な職場環境が実現される。

　ひいては、信頼に足る行政サービスを住民へ提供することが可能になり、住民は享受することに繋がる。

第1章
財務に関する事務等に係る内部統制

1-1 地方自治法第 150 条

1）要求内容

① 体制の整備

　地方自治法第 150 条第 1 項 は、「都道府県知事及び指定都市の市長は、その担当する事務のうち**次に掲げるものの管理及び執行が法令に適合し、かつ、適正に行われることを確保するための方針（内部統制に関する方針）**を定め、及びこれに基づき**必要な体制を整備**しなければならない」とし、以下を掲げています。

- 財務に関する事務その他総務省令で定める事務
- 前号に掲げるもののほか、その管理及び執行が法令に適合し、かつ、適正に行われることを特に確保する必要がある事務として当該都道府県知事又は指定都市の市長が認めるもの

　同条第 2 項は、指定都市の市長以外の市町村長については、同様の方針を定め、必要な体制を整備することを**努力義務**としています。

② 公 表

　都道府県知事、指定都市の市長、及び方針を定めた市町村長（以下、「首長」という）は、内部統制に関する方針を定めた（策定した）とき、及び改訂を行ったときは、遅滞なく公表しなければなりません。

　また、首長は、毎会計年度少なくとも 1 回以上、**方針に基づいて整備した体制**について**評価した報告書**を作成し、**監査委員の審査**に付し、監査委員の意見を付けて**議会に提出**し、住民へ**公表**しなければなりません。

　この制度を、本書では「**地方自治体の内部統制制度**」と呼びます。

③ 財務に関する事務等に係る内部統制

　地方自治法第 150 条 1 項及び 2 項に基づいて、財務に関する事務その他総務省令で定める事務、及び首長が認めた事務（以下、財務に関する事務等）について、管理及び執行が法令に適合し、かつ、適正に行われることを確保するために定めた方針に基づいて整備した体制を、本書では「**財務に関する事務等に係る内部統制**」と呼びます。

　なお、財務に関する事務等のうち "その他法務省令で定める事務" は、2024 年 4 月 1 日時点においては、ありません。

　また、ガイドライン Q ＆ A によると、"都道府県等知事等が認めた事務" は、例えば、法令等遵守全般、情報管理に関する事務等、財務に関する事務以外の事務で都道府県等知事等が認めた事務が該当します。

2）財務に関する事務とリスク

① 財務に関する事務

　「財務に関する事務」とは、地方自治法第 9 章「財務」の諸規定に係る事務、すなわち**予算、収入、支出、決算、契約、現金及び有価証券の出納と保管、財産管理等**の事務を指します。

　すなわち、財務に関する事務は、予算に示された目的への資金の使用、権限者の承認を受けた支出、支出の正しい記録及び集計、決算、予算との比較などの手続で構成されます。

② 派生するリスク

　財務に関する事務から派生するリスクは、予算執行の事務に係るリスク、現金収支の事務に係るリスク、支出の記録と集計の事務に係るリスク、決算報告の事務に係るリスクに区分できます。

　財務に関する事務に係るリスクは、総務省が 2014 年 3 月に公表した「地方公共団体における内部統制制度の導入に関する報告書」では "財務事務執行リスク"、2016 年 2 月の第 31 次地方制度調査会「答申」では "財

務に関する事務の執行におけるリスク〞と呼んで、以下の３つを上げています。

- 財務に関する事務の執行における法令等違反（違法または不当のリスク）
- 決算の信頼性を阻害するリスク
- 財産の保全を阻害するリスク

　なお、導入・実施ガイドラインの「（別紙３）財務に関する事務についてのリスク例」は、地方公共団体において発生すると考えられる財務に関する事務に係るリスクを一覧にしています。これは、上記の３つのリスクに、業務の効率的かつ効果的な遂行に係るリスクを加えたものになっています。

3）導入の背景

①　内部統制制度導入の背景

　地方自治体は、人口減少社会において行政サービスを安定的、持続的、効率的かつ効果的に提供していくために、その要請に対応した地方行政体制を確立することが求められています。

　すなわち、地方自治体は、組織として、あらかじめリスク（住民の福祉の増進を図ることを基本とする組織目的の達成を阻害する事務上の要因）があることを前提として、法令等を遵守しつつ、適正に業務を執行することが求められています。

　そうした組織的な取り組みの１つとして**地方自治体の内部統制制度**が導入されました。

②　地方自治体における不祥事の発覚

　地方自治体における不正行為は、たとえ金額が少額であっても、社会的な責任が問われることに特性があります。過去に顕在化した地方自治体の財務に関する不正は、次の３つに類型化されます。

- 官官接待や夜勤食糧費などのための、**公金の不適切な支出**
- 私的使用のための、**公金の横領**
- 事務手続の省略、あるいは補助金を使い切ることを目処に行われる、**不適正な経理処理**

　公金の不適切な支出は、出張旅費、時間外勤務手当、会議費や使用料などの科目に支出見込額よりも多めの予算を計上しておき、書類上は実際の支出額よりも多い支出があったように見せかけて支出命令書を作成する手法で、実際支出額との差額を部局にプールし、財源を官官接待・夜勤食糧費などのための支出の財源として確保するものです。

　公金の不適切な支出でプールされた資金は、担当者の個人的な支出に充当されることもあります。これが**公金の横領**です。

　不適正な経理処理には「預け金」「一括払い」「差替え」などがあります。これらは、事務手続の一部省略、国からの補助金の使い切りなどを目的に行われたものです。

　地方自治体では、従来から、これらの会計処理には内部牽制の機能が盛り込まれ、上司のチェックや決済承認が義務付けられていましたが、十分には機能していませんでした。

　その背景としては、後述する内部統制の構成要素が、組織内に十分に浸透していなかったことが考えられます。

1-2 内部統制とは何か？（内部統制の定義）

　総務省が公表した「地方公共団体における内部統制制度の導入・実施ガイドライン」（以下、導入・実施ガイドライン）は、内部統制と地方自治体における内部統制制度を、以下のように定義しています。

1）内部統制の基本的な枠組み

①　内部統制の目的

　「内部統制とは、基本的に、①業務の効率的かつ効果的な遂行、②報告の信頼性の確保、③業務に係る法令等の遵守、④資産の保全、の4つの目的が達成されないリスクを一定の水準以下に抑えることを確保するために、業務に組み込まれ、組織内のすべてのものによって遂行されるプロセス」です。

　4つの目的の内容は、**図表1－1**のようになっています。

図表1－1：内部統制の4つの目的

①	**業務の効率的かつ効果的な遂行** 業務の目的の達成に向け、効率的かつ効果的にその業務を遂行すること。
②	**報告の信頼性の確保** 組織の財務報告又は非財務報告に重要な影響を及ぼす可能性のある情報の信頼性を組織内外に向けて確保すること。
③	**業務に係る法令等の遵守** 業務に関わる法令その他の規範を遵守すること。
④	**資産の保全** 資産の取得、使用及び処分が正当な手続及び承認の下に行われるよう、資産の保全を図ること。 資産には、有形の資産のほか、知的財産、住民に関する情報など無形の資産も含まれる。

② 基本的要素

内部統制は統制環境、リスクの評価と対応、統制活動、情報と伝達、モニタリング、ICT（情報通信技術）への対応、の6つの基本的要素から構成されます。

6つの基本的要素の内容は、**図表1－2**のようになっています。

図表1－2：内部統制の6つの基本要素

● 統制環境 統制環境とは、組織文化を決定し、組織内のすべての者の統制に対する意識に影響を与えるとともに、他の基本的要素の基礎をなし、それぞれに影響を及ぼす基盤をいう。
● リスクの評価と対応 リスクの評価と対応とは、組織目的の達成に影響を与える事象について、組織目的の達成を阻害する要因をリスクとして識別、分析及び評価し、当該リスクへの適切な対応を選択するプロセスをいう。
● 統制活動 統制活動とは、長の命令及び指示が適切に実行されることを確保するために定める方針及び手続をいう。
● 情報と伝達 情報と伝達とは、必要な情報が識別、把握及び処理され、組織内外及び関係者相互に正しく伝えられることを確保することをいう。
● モニタリング モニタリングとは、内部統制が有効に機能していることを継続的に評価するプロセスをいう。
● ICT（情報通信技術）への対応 ICTへの対応とは、組織目的を達成するために予め適切な方針及び手続を定め、それを踏まえて、業務の実施において組織の内外のICTに対し適切に対応することをいう。

この定義は、内部統制の構成要素である「ITへの対応」が「ICTへの対応」になっている点を除けば、企業会計審議会が公表した上場企業向けの「財務報告に係る内部統制の評価及び監査の基準」の「Ⅰ内部統制の基本的枠組み」に示された内容と同じです。

14 第1章 財務に関する事務等に係る内部統制

　なお、内部統制の4つの目的と6つの構成要素については、導入・実施ガイドラインに詳しく記載されているので、参照してください。

2）内部統制制度における内部統制の範囲

①　地方自治体における内部統制

　上記基本的な定義を踏まえ、導入・実施ガイドラインは「地方自治体における内部統制とは、住民の福祉の増進を図ることを基本とする組織目的…の達成を阻害する事務上の要因をリスクとして識別及び評価し、対策を講じることで、事務の適正な執行を確保することである」としています。

　すなわち、地方自治体の目的は住民の福祉の増進を図ることであるから、この目的の達成を阻害する事務上の要因がリスクであり、その対策を講じて事務の適正な執行を確保することが、地方自治体の内部統制の目的であるということです。そして、この事務の適正な執行を確保する責任は、地方自治体の首長にあります。

②　制度として定められた内部統制

　その意味では、地方自治体の組織目的の達成を阻害する事務上の要因すべてをリスクとして識別し、それに対する内部統制の有効性を評価しなければならないのですが、それには一定の労力を要します。

　そこで、地方自治体の内部統制制度として、まずは最小限に評価するべきリスクとして財務に関する事務等のリスクを対象に、それに係る内部統制の有効性評価を導入することにしたものです。これを示したのが**図表1－3**です。

図表 1 － 3：地方自治体の内部統制制度の範囲

地方自治体の
すべてのリスク
→
財務に関する
事務等のリスク

とりあえず、このリスクに対する内部統制の有効性を評価する。

3）各構成要素の機能的関係

　内部統制の構成要素は、日常の事務手続の中に組み込まれて運用されます。

　図表 1 － 4 は、リスクを低減する統制活動の適切な運用のためには、全庁的な内部統制として大部分が整備される統制環境が必要であり、リスクの識別と評価に基づいて、リスクを十分に適切なレベルまで低減する統制活動を業務の中に組み込み、統制活動の実施に必要な情報を識別して、それを必要とする人に伝達し、統制活動の運用状況を監視する日常的なモニタリングと、各構成要素が機能していることを監視する独立的なモニタリングが必要であること、すなわち構成要素の機能的な関わりの状況を示しています。

図表 1 － 4：内部統制の構成要素の関係

統制環境

独立的
モニタリング
→
日常的
モニタリング

リスクの評価と対応
↓
統制活動
↑
情報と伝達

第2章

内部統制制度の導入・実施の実務（現行の実務）

2-1 内部統制に関する方針の策定

1）内部統制に関する方針

　首長は、内部統制推進部局等の補佐を受けて、内部統制に関する方針を策定し、遅滞なく公表します。内部統制に関する方針は、内部統制の整備・運用に関する基本的な方針であり、地域住民及び地方自治体内の職員に対して内部統制についての組織的な取り組みの方向性を示すものです。

2）記載内容

　内部統制に関する方針については、各地方自治体の状況や課題、運営方針、過去の不祥事、監査委員との意見交換等を踏まえて、必要と思われる事項を記載します。その際、少なくとも以下の4点は記載に盛り込む必要があります。

- 内部統制の目的（どのような観点から取組を実施するのかを記載する）
- 内部統制の対象とする事務（財務に関する事務、及び長が必要と認めた事務からなる内部統制対象事務）
- 地方自治法第150条第1項または第2項に規定する方針である旨
- 長の氏名

　なお、内部統制対象事務は、毎会計年度における長の評価及び監査委員の審査の対象範囲になります。

3）改 訂

　内部統制に関する方針は、地方自治体を取り巻く状況の変化、内部統制の整備・運用状況の向上改善、評価結果、監査委員からの指摘等をふまえ、必要に応じて見直し、改訂をします。

　改訂を行った場合は、遅滞なく公表します。

2-2 内部統制の整備体制 （事前準備）

　「導入・実施ガイドライン　Ⅲ　内部統制体制の整備」は、「内部統制体制の整備とは、内部統制に関する方針に基づき、全庁的な体制を整備しつつ、組織内のすべての部署において、リスクに対応するための規則・規定・マニュアル等を策定し、それらを実際の業務で適用することをいう」としています。

　この「導入・実施ガイドライン　Ⅲ　内部統制体制の整備」の記述は、内部統制を整備するための組織体制の整備と整備すべき内部統制体制を同時に取り扱った内容になっていると考えられます。

　そこで本書ではこれを区別して、内部統制を整備するための組織体制の整備は本項で、整備すべき内部統制体制については次項「2－3　内部統制の整備」で取上げます。

1）全庁的な組織体制

　導入・実施ガイドラインは、全庁的な体制の整備として「内部統制に関する方針に基づき、内部統制の取り組みを実行に移すためには、各職員及び各部局の具体的な取組の拠り所となる全庁的な規則や指針等を策定することが必要である」としています。

　その際は、以下の事項について規則や指針等に定めるとしています。
- 内部統制に関する職員・部局の役割等について
- 内部統制に関する会議の役割等について
- 評価対象期間における取組について

　これらの内容は、内部統制を整備するための組織体制のあり方について記述したものと考えられます。

20　第２章　内部統制制度の導入・実施の実務（現行の実務）

①　内部統制に関する職員・部局の役割等について

　導入・実施ガイドラインは、内部統制に関する職員・部局として実質的な責任者、内部統制推進部局、内部統制評価部局の役割を示しています。

　内部統制の整備及び運用の最終的な責任者は、もちろん首長です。しかし首長は、内部統制整備及び運用について首長を補佐する役割を担うものとして、副知事・副市町村長・部局長等を実務責任者に任命するのが現実的です。

　内部統制推進部局は、以下の役割を担います。

- 地方公共団体として取組むべき内部統制について検討を行う
- 内部統制に関する方針の策定に当たり首長を補佐する
- 方針に基づいて内部統制体制の整備・運用を全庁的に推進する

　内部統制推進部局は、以下のような形で設置される可能性があります。

- 新たな組織として設置する
- 既存の組織の適切な部署が担う
- 各部局の職員を構成員とするプロジェクトチームによる
- ただし、監査委員事務局の職員が内部統制推進部局の職員を兼務することは、適切ではない

　また内部統制評価部局は、以下の役割を担います。

- モニタリングの一環として、内部統制の整備・運用状況について独立的評価を行う
- 評価結果に基づいて、内部統制評価報告書を作成する

　内部統制評価部局は、以下のような形で設置される可能性があります。

- 既存の組織を活用する場合は、内部統制推進部局とは異なる部局が担うことが望ましい
- 人的資源等の制約で、内部統制推進部局が内部統制評価部局の役割を担う場合は、自己の業務を自己評価することがないように、適切な職務分掌等を定める
- ただし、監査委員事務局の職員が内部統制評価部局の職員を兼務す

ることは、適切ではない

　これらの部局の役割の関連を、行政サービスを提供する**各部局**を含めて図で示すと、**図表２－１**のようになります。

図表２－１：内部統制整備のための全庁的な体制

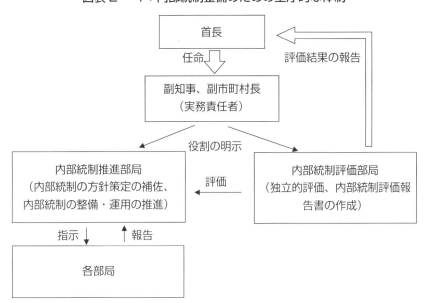

② **評価対象期間における取り組みについて**

　内部統制推進部局と内部統制評価部局は、内部統制の整備・運用及び内部統制評価報告の作成に関して、取り組みに係る計画や手続をあらかじめ明確にすることによって、評価対象期間中における作業をスムースに行うことができます。

　当該計画の策定及び修正は、監査委員との意見交換等を踏まえて実施することによって、監査委員の審査もスムースに行うことができるようになります。

2）業務レベルの整備体制

　業務レベルの内部統制を整備するには、各業務に潜在するリスクの評価と対応に関する事前準備が必要です。

①　リスクの評価とは？

　リスクの評価は、リスクの**識別・分類**→リスクの**分析・評価**の手順を取ります。

　リスクの**識別・分類**では、各部局において、自らの部局の業務に関するリスクを洗い出し、それを以下のように分類します。

- 全庁的な（もしくは複数の部局で）対応が必要な全庁的リスクか、特定の業務に関する個別リスクか
- 自らの団体において過去に経験したリスクか、未経験のリスクか

　リスクの洗い出しに際しては、事務フローチャートなどを作成して、あるいは既存の事務フロー等を活用して、業務の流れを可視化すると、どこに、どのようなリスクがあるかを識別し易くなります。**図表２－２**は、支出事務のフローチャートの例です。

　リスクの**分析・評価**では、各部局は、識別・分類したリスクについて、リスクの発生可能性と発生した場合の影響度を踏まえて、量的重要性を見積もるとともに、質的重要性についても検討を行います。

　識別・分類、分析・評価の結果は、後述するリスク評価シートに記載します。

　各部局がリスク評価シートを作成したら、内部統制推進部局では、各部局が評価したリスクをもとに、他の部局でも評価すべきリスクがないかを等を検討して、全庁的なリスクと個別リスクの分類を整理します。

　ある部局で個別リスクとして識別されたものが他の部局や、他の事務でも発生することが容易に想定できる場合は、それは全庁的リスクに該当す

ることになります。

　そこで、各部局の分類では個別リスクとされていたもので全庁的リスクに該当すると判定されたものがある場合は、必要に応じて、該当部局に対してリスクの再識別と評価を求めます。

図表２－２：支出事務のフローチャートの例

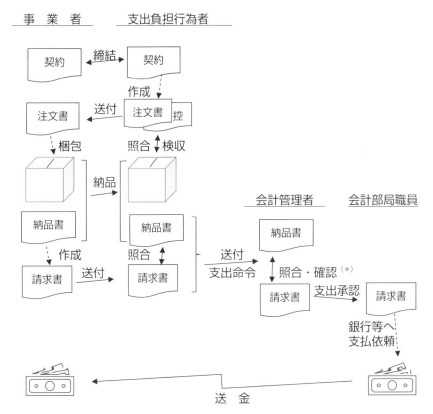

（＊）支出負担行為が法令・予算に違反していないこと、及び債務が確定していることの２点を確認する

24　第2章　内部統制制度の導入・実施の実務（現行の実務）

② **リスク評価のための事前準備**

リスク評価の作業に資するように、内部統制推進部局は、以下のものを準備します。

- 導入・実施ガイドラインの「（別紙2）リスク評価シート例」を参考に、識別したリスク、その種類、量的・質的重要性、リスク対応策などを一覧にして記載するための「**リスク評価シート**」を作成し、配布する。

  （なお、「（別紙2）リスク評価シート例」は、あくまでも例であり、これに従わなければならないというものではありません）。

- 導入・実施ガイドラインの「（別紙3）財務に関する事務についてのリスク例」を参考に、あるいは自らの団体で経験した過去の不祥事例、監査委員からの指摘、監査委員との意見交換、他の団体等において問題となった不祥事例等をふまえて、各部局等においてリスクを識別する際に参考にする「**リスク一覧表**」を作成し、配布する。

  （「（別紙3）財務に関する事務についてのリスク例」は、過去の不祥事例等を参考に、地方公共団体において発生すると考えられるリスクを一覧にしたものです。）

- リスクの重要性を見積る際に参考にする**重要性評価の規準**を作成する。

  （導入・実施ガイドライン「Ⅲ内部統制体制の整備　Ⅱ業務レベルのリスク対応策の整備」は、「内部統制推進部局は、リスクの影響度（大、中、小、または1から5等の適当な基準）や発生可能性（高、中、小、または1から5等の適当な基準）についての目安や考え方を示すことが望ましい」としています。）

（リスク評価シート）

各部局が識別したリスクは「リスク評価シート」に記載します。リスク評価シートには、次のステップであるリスクの分析・評価、及びリスクへ

の対応策を検討する際に役立つ情報、例えば、リスクの発生可能性と発生した場合の影響度なども、合わせて記載します。

（リスク一覧表）

　図表２－３は、ガイドラインの（別紙３）を基にした、内部統制推進部局が作成し、各部局に配布する「リスク一覧表の例」です。

　繰り返しになりますが、このリスク一覧表は、各部局がリスクを識別する際に参考にするものです。言い換えれば、リスク一覧表に記載されているすべてのリスクが各部局内に存在するわけではないことに、留意しなければなりません。

　したがって、リスク一覧表に記載されているすべてのリスクをリスク評価シートに記載し、次のステップである分類や重要性評価、及びリスク対応策を検討しなければならないとうものでは、ありません。

　言い換えれば、自部局にとって該当しない、あるいは影響がごくわずかで対応策を検討するまでもないような小さなリスクは、リスク評価シートに記載する必要はありません。

　逆に、リスク一覧表にはないものであって、当該部局で対応策を検討する必要があると考えられるほどに重要なリスクがある場合は、リスク評価シートに記載します。

　（**図表５－13**に示したように、財務に関する事務の多くは予算、出納、決算、財産管理に係る部局が担い、地域住民に対して行政サービスを担う部局は予算確保や調達購買の事務に限って係ります。すなわち、行政サービスを担う部局は、**図表２－３**に示したリスクのごく一部のみに係わっていると言っても差し支えないと考えられます。）

26　第2章　内部統制制度の導入・実施の実務（現行の実務）

図表2－3：リスク一覧表の例

（目的）	（分類）	（リスク）
業務の効率的かつ効果的な遂行	プロセス	・ 不十分な引継ぎ ・ 説明責任の欠如 ・ 進捗管理の未実施 ・ 情報の隠ぺい ・ 業務上の出力ミス ・ 郵送時の手続きミス ・ 郵送時の相手先誤り ・ 意思決定プロセスの無視 ・ 事前調査の未実施 ・ 職員間トラブル ・ 委託業者トラブル
	ICT 管理	・ システムダウン ・ コンピュータウィルス感染 ・ ブラックボックス化 ・ ホームページへの不正書込み
	予算執行	・ 予算消化のための経費支出 ・ 不適切な契約内容による業務委託
業務に係る法令等の遵守	事件	・ 不正要求（介護ワーカーの不正請求） ・ 不当要求（不当な要求圧力）
	書類・情報の管理	・ 書類の偽造 ・ 書類の隠ぺい ・ 証明書の発行時における人違い ・ 証明書の発行種類の誤り ・ なりすまし ・ 個人情報の漏えい・紛失 ・ 機密情報の漏えい・紛失 ・ 不正アクセス ・ ソフトの不正使用・コピー ・ 違法建築物の放置
	予算執行	・ 勤務時間の過大報告 ・ カラ出張 ・ 不必要な出張の実施

2-2　内部統制の整備体制（事前準備）　27

	契約・経理関係	• 収 賄 • 横 領 • 契約金額と相違する支払い • 不適切な価格での契約
	過大計上	• 過大徴収
	架空計上	• 架空受入れ
	過少計上	• 過少徴収
財務報告等の信頼性の確保	計上漏れ	• 検収漏れ
	不正確な金額による計上	• 財務データ改ざん • 支払誤り • 過大入力 • 過少入力 • システムによる計算の誤り
	二重計上	• データの二重入力 • 二重の納品処理
	分類誤りによる計上	• 受入内容のミス • システムへの科目入力ミス • 科目の不正変更
資産の保全	資産管理	• 不十分な資産管理 • 固定資産の非有効活用 • 無形固定資産の不適切な管理 • 不適切な不用決定 • 耐震基準不足 • 現金の紛失
	二重計上	• 二重記録 • 二重発注
	不正確な金額による計上	• 発注価額の誤り • 固定資産の処分金額の誤り
	計上漏れ	• 固定資産の処分処理の漏れ • 固定資産の登録処理の漏れ

ガイドラインの「（別紙3）財務に関する事務についてのリスク例」より抜粋して作成。

（リスクの重要性評価の規準）

　図表2-4は、リスクの重要性評価の規準の例です。

28   第2章　内部統制制度の導入・実施の実務（現行の実務）

図表2－4：リスクの重要性評価の規準の例

＜影響度の考え方＞
　リスクの影響度は、単に金額で表示できる財務的なものだけではなく、自治体の信頼性に対する影響、他の事務に対する影響、情報システムに対する影響などの点からも検討するのが一般的です。

＜量的重要性の測定＞
　リスクの量的重要性は様々な方法で測定されますが、リスクの発生可能性と発生した場合の影響度を数値で表示する場合は、以下の算式で求めることもできます。

　　量的重要性＝リスクの発生可能性×発生した場合の影響の大きさ

　あるいは、

　　量的重要性＝リスクの発生可能性＋発生した場合の影響の大きさ

③　リスク対応のための事前準備

　内部統制推進部局は、識別・評価されたリスクの重要性に応じて、組織として対応する必要性の高いリスクと低いリスクを整理し、各部局に対応策の検討を依頼します。なお、量的重要性は低くとも、質的重要性のあるリスクについては、必ず対応策の検討を依頼するようにします。

　各部局は、各リスクに対し、どのような対応策を整備するのかを検討し、リスク評価シートに記載します。その上で、必要に応じて、関連する既存の規則・規定・マニュアル等の改訂を行います。

　内部統制推進部局は、各部局によるリスク対応策を取りまとめ、リスク対応策に不十分な点がある場合は、各部局に対応策の再検討などを求めます。

　なお、詳細は後述しますが、導入・実施ガイドラインはリスクの対応には回避、低減、移転、受容等があるとしていますが、各部局が選択できるリスク対応策は低減や受容等に限られると考えられます。

2-3 内部統制の整備

1）ガイドラインのスタンス

　導入・実施ガイドラインでは、内部統制体制の整備、すなわち、内部統制の整備のための組織体制及び事前準備については記述していますが、全庁的なレベル、もしくは業務レベルで整備すべき内部統制の内容については、ほとんど記述が見当たりません。

　唯一、「Ⅲ　内部統制体制の整備　1　全庁的な体制の整備」の項で、「内部統制に関する方針に基づき、内部統制の取り組みを実行に移すためには、各職員及び各部局の具体的な取組の拠り所となる**全庁的な規則や指針等を策定する**ことが必要である」とし、その際には「（別紙1）地方公共団体の全庁的な内部統制の評価の基本的考え方および評価項目」を適宜参照にするとしているに留まります。

　これは、すでに地方自治体で実施されている事務手続の中に内部統制が組み込まれていることを前提に、内部統制制度では、その十分性、適切性を継続的に評価することを目的としているためと考えられます。

　しかしながら、全庁的な内部統制、特に統制環境の充実やリスクの評価と対応の継続的な実施については、これまで地方自治体において十分には議論されてこなかった分野であり、この度の内部統制制度の導入に当たり整備を図るために、（別紙1）で12の「評価の基本的な考え方」と、それぞれに属する28の「評価項目」を明示したものと思われます。

　また、同様の理由により、新規の事務手続を整備する場合を除いて、業務レベルで整備すべき内部統制の内容についての記述を要しないと判断したものと思われます。

30　第2章　内部統制制度の導入・実施の実務（現行の実務）

2）全庁的な内部統制の整備

①　全庁的な内部統制の評価項目を整備する

　各地方自治体は、少なくとも、導入・実施ガイドラインの「（別紙1）地方公共団体の全庁的な内部統制の評価の基本的考え方及び評価項目」に示された12の評価の基本的考え方に属する28の評価項目については、全庁的な内部統制として整備する必要があると考えられます。

　導入・実施ガイドラインは、もし地方自治体の状況に応じて、12の評価の基本的考え方に追加を行ったり、28の評価項目に加除修正を行った場合は、変更した点がわかるように、内部統制評価報告書に記載することを求めています。

②　担当部局

　評価の基本的考え方及び評価項目にある活動は、「**図表2-1：内部統制整備の全庁的な体制**」で取り上げた各部署のいずれかが担うことになります。

　（別紙1）に示された12の評価の基本的考え方ごとに、それを担う部局を例として示したのが**図表2-5**です（この例示は、あくまでも筆者の意見であり、これにこだわる必要は一切ありません）。

図表2-5：全庁的な内部統制と担当部局の例

（評価の基本的考え方）	（担当部局の例）
（統制環境） 1. 長は、誠実性と倫理観に対する姿勢を表明しているか？	首長
2. 長は、内部統制の目的を達成するに当たり、組織構造、報告経路及び適切な権限と責任を確立しているか？	実務責任者
3. 長は、内部統制の目的を達成するにあたり、適切な人事管理及び教育研修を行っているか？	実務責任者

（リスクの評価と対応） 4. 組織は、内部統制の目的に係るリスクの評価と対応ができるように、十分な明確さを備えた目標を明示し、リスク評価と対応のプロセスを明確にしているか？	推進部局
5. 組織は、内部統制の目的に係るリスクについて、それらを識別し、分類し、分析し、評価し、その評価結果に基づいて、必要に応じた対応をとっているか？	推進部局
6. 組織は、内部統制の目的に係るリスクの評価と対応のプロセスにおいて、当該組織に生じうる不正の可能性について検討しているか？	推進部局
（統制活動） 7. 組織は、リスクの評価と対応において決定された対応策について、各部署における状況に応じた具体的な内部統制の実施とその結果の把握を行っているか？	推進部局
8. 組織は、権限と責任の明確化、職務の分離、適時かつ適切な承認、業務の結果の検討等についての方針及び手続を明示し適切に実施しているか？	推進部局
（情報と伝達） 9. 組織は、内部統制の目的に係る信頼性のある十分な情報を作成しているか？	推進部局
10. 組織は、組織内外の情報について、その入手、必要とする部署への伝達及び適切な管理のための方針と手続を定めて、実施しているか？	推進部局
（モニタリング） 11. 組織は、内部統制の構成要素が存在し、機能していることを確かめるために、日常的モニタリング及び独立的評価を行っているか？	推進部局、又は評価部局
（ICTへの対応） 12. 組織は、内部統制の目的に係るICT環境への対応を検討するとともに、ICTを利用している場合には、ICTの利用の適切性を検討するとともに、ICTの統制を行っているか？	推進部局

32　第2章　内部統制制度の導入・実施の実務（現行の実務）

③　全庁的な内部統制の可視化

　全庁的な内部統制は、それが全庁的に実施されなければ意味がありません。すべての職員が全庁的な内部統制を理解し、日常の活動で実践できるように、次のような取り組みが必要になります。

- 統制環境、リスクの評価と対応、統制活動の内容などについては、行動規則や指針等として文書化して、職員の誰でもが目にすることができるようにする。
- 文書化した行動規則や指針等の内容をすべての職員に浸透させるために、研修を実施する。
- 研修は繰返し実施し、少なくとも1年に一度は実施する。

④　全庁的な内部統制の効用

　全庁的な内部統制は、全庁的リスクを低減するのはもちろん、業務レベルのリスクの発生可能性と発生した場合の影響を十分に適切なレベルまで低減する効果もあります。

　例えば、全職員に適用になる行動規範や賞罰規則等を定め、それを職員に周知徹底することは、各部局で事務に従事する職員の心理に働きかけ、手抜きや不正行為を思いとどませる効果が期待できます。

⑤　既存の内部統制

　すでに設置が求められている会計管理者や監査委員は、財務に関する事務に係るリスクに対する全庁的な体制の一部に該当します。

　すなわち会計管理者は、首長の支出負担行為と支出命令に基づいて支出をしますが、その際、支出負担行為が法令や予算に違反していないこと、支出負担行為に関わる債務が確定していることを確認した上で支出をします。ここに、支出命令と支出の執行の権限の分離があり、牽制機能が働いています。

　また監査委員は、市民に代わって、市民のために、地方自治体の財務に

関する事務の執行等の行政運営が適法・公正に、かつ効率的に行われているか否かを、チェックしています。

3）業務レベルの内部統制の整備

① 導入・実施ガイドラインの言及

　繰り返しになりますが、地方自治体においては、既に自治体ごとの特性に応じて様々な形で事務の適正な執行の確保に努めており、一定の内部統制が存在していると考えられます。

　それに加え、内部統制制度の要求に従って、内部統制の基本的な枠組みに基づき、既存の事務手続を整理し、必要に応じて改善または是正を図ることで、地方自治体の組織目的をより確実に達成することが可能になると考えられます。

　地方自治体の内部統制制度は、内部統制の基本的な枠組みに基づき、既存の事務手続を整理し、必要に応じて改善または是正を図ることを目的とするために、導入・実施ガイドラインでは、あえて、業務レベルの内部統制の整備のための具体的な手続について言及しなかったものと思われます。

② リスクへの対応

　業務レベルの内部統制の整備では、業務レベルのリスクを識別したら、そのリスクに対する対応策を決定します。

　導入・実施ガイドラインの「Ⅰ　地方公共団体における内部統制の基本的枠組み」の（リスクへの対応）の項では、「評価されたリスクについて、その回避、低減、移転、又は受容等、適切な対応を選択する」としています。

　回避は、リスクの原因となる業務を見合わせ、または中止することですが、各部局の事務手続の実施において、その業務を見合わせる、または中止する選択肢は、ほとんどないと推測されます。移転の対象になるリスク

34　第2章　内部統制制度の導入・実施の実務（現行の実務）

の数も、限られると思われます。

　別言すれば、業務レベルのリスクへの対応策のほとんどは、**リスクの低減**、もしくは受容になると思われます。

　受容は、重要性の低いリスクに対して、特には何も対策を施さないで、そのまま受け入れることです。

　したがって業務レベルの内部統制の整備としては、リスクを適切なレベルまで低減するための活動を整備することになります。既に事務手続が確立されているケースでは、統制活動がリスクを十分に適切なレベルまで低減しているか否かを評価し、不十分な場合は必要に応じて改善措置を講じる活動が中心になると考えられます。

③　内部統制の整備の手順

　導入・実施ガイドラインの「Ⅲ 2 (2) リスク対応策の整備」は、識別・評価された業務レベルのリスクの重要性に応じて、「各リスクに対して、どのような対応策を整備するのかを検討し、…その上で、適宜、関連する規則・規程・マニュアル等について改訂等を行う」としています。

　これは、業務レベルのリスクを適切なレベルまで低減するため統制活動をはじめとする内部統制の6つの構成要素を事務手続の中に組み込んでいくことを求めているものと考えられます。

　その際は、下記の④〜⑥の項目に留意する必要があります。

④　統制活動の種類（予防的統制と発見的統制）

　リスクを**低減する内部統制**の中核は、統制活動になります。統制活動のうち、リスクの発生を防止するために事前予防的に実施するのが予防的統制、事務処理後において事後発見的にすでに発生しているかも知れないリスクの有無を確認し、必要に応じて是正措置を講じるのが発見的統制です。

　図表2−6は、予防的統制と発見的統制に属する手続の例です。

2-3 内部統制の整備 *35*

図表２−６：予防的・発見的統制の手続

（予防的統制）	（発見的統制）
• 各人の権限に制限を設定する • 事務手続の中に、上司の承認行為を導入する • 兼務できない職務を分離する • 物理的な保全の手続を構築する • 重要な業務処理の結果を文書にする • ダブルチェックの制度を導入する	• 帳簿と現物など、独立した情報の一致を定期的に確認する • 予算と実績を比較し、異常を把握する • あらかじめ設定した業績評価指標との比較確認を行い、異常を発見する

⑤ 行動に必要な情報と伝達の仕組み

　地方自治体の活動は、地方自治体の組織目的を達成するために組織全体の人間がお互いに連携して行うものであり、１つの事務を処理するのに多くの部局の人間が携わっています。

　統制活動を設計・導入する際は、統制活動の実施に必要な情報を伝達する仕組みを整備することを忘れてはなりません。

　統制活動の結果を受けて行動を起こす人のために、統制活動の結果情報を伝達する仕組みの整備も必要です。

　特に、リスクが顕在化した場合の対処方法を明らかにし、その行動を起こすのに必要な情報の内容を明確にし、その伝達の方法も整備しなければなりません。

⑥ 統制活動とモニタリングの関係

　予防的統制と発見的統制の大部分を運用するのは一般の職員ですが、それらの者を管理する立場にある上位者も、運用状況のモニタリングという形で内部統制に参加し、あるいは直接、統制活動を実行します。

　統制活動を実施した際に、その結果を記録に残しておけば、統制活動が意図したように運用されていることをモニタリングする際の指標として利用することができ、効果的・効率的なモニタリングの実施が可能になります。

2-4 内部統制の評価及び報告書

　首長は、1年に1回、方針に基づき整備した体制（すなわち、内部統制）を評価し、作成した報告書について監査委員の審査を受け、議会の承認を受け、住民へ公表しなければなりません。

1）内部統制の評価

① 評価の実施

　首長（実際は、内部統制推進部局等の担当者）が整備した内部統制の有効性を"評価"するためには、財務に関する事務等のリスクを明らかにし、内部統制の6つの構成要素がリスクを十分に適切なレベルまで低減しているのか否かを確認しなければなりません。

　これについて導入・実施ガイドラインは、全庁的な内部統制と業務レベルの内部統制を、別々に評価するとしています。

② 評価の実施時期

　評価を実施する時期は、**整備状況**については、発見された不備の改善または是正措置を講ずることができるように、評価実施日から評価規準日（期末日）まで、一定の期間を確保することが望ましいとしています。

　運用状況については、評価期間全体を通して、結果として発生した不適切な事項について、不備か重大な不備かの評価することになるために、基本的に評価期間終了後に評価を実施することになるとしています。

　しかし、評価基準日（期末日）以降の作業負荷を軽減するために、すでに経過した評価対象期間中に発生した不適切な事項に関して、暫定的に評価を実施することも考えられるとしています。

2) 全庁的な内部統制の評価

① 評価の手順

　全庁的な内部統制の評価では、「全庁的な内部統制の**評価項目**のそれぞれに対応する全庁的な内部統制の整備状況を記録し、その上で不備がある場合には、整備上および運用上の重大な不備がないかを評価する」としています。

　そして、導入・実施ガイドラインの「（別紙1）地方公共団体の全庁的な内部統制の評価の基本的考え方及び評価項目」は、内部統制の構成要素、すなわち統制環境、リスクの評価と対応、統制活動、情報と伝達、モニタリング、ICTへの対応ごとに、**図表2－7**に示したように**28の評価項目**をあげています。

　（「評価の基本的考え方」については、"**図表2－5：全庁的な内部統制と担当部局の例**"で取り上げたので、**図表2－7**では省略してあります。）

図表2－7：全庁的な内部統制の評価項目

	考え方	（評価項目）
統制環境	1	1－1　長は、地方公共団体が事務を適正に管理及び執行する上で、誠実性と倫理観が重要であることを、自らの指示、行動及び態度で示しているか。 1－2　長は、自らが組織に求める誠実性と倫理観を職員の行動及び意思決定の指針となる具体的な行動基準等として定め、職員及び外部委託先、並びに、住民等の理解を促進しているか。 1－3　長は、行動基準等の遵守状況に係る評価プロセスを定め、職員等が逸脱した場合には、適時にそれを把握し、適切に是正措置を講じているか。
	2	2－1　長は、内部統制の目的を達成するために適切な組織構造について検討を行っているか。

38　第2章　内部統制制度の導入・実施の実務（現行の実務）

		2－2	長は、内部統制の目的を達成するため、職員、部署及び各種の会議体等について、それぞれの役割、責任及び権限を明確に設定し、適時に見直しを図っているか。
	3	3－1	長は、内部統制の目的を達成するために、必要な能力を有する人材を確保及び配置し、適切な指導や研修等により能力を引き出すことを支援しているか。
		3－2	長は、職員等の内部統制に対する責任の履行について、人事評価等により動機付けを図るとともに、逸脱行為に対する適時かつ適切な対応を行っているか。
リスクの評価と対応	4	4－1	組織は、個々の業務に係るリスクを識別し、評価と対応を行うため、業務の目的及び業務配分することのできる人員等の資源について検討を行い、明確に示しているか。
		4－2	組織は、リスクの評価と対応のプロセスを明示するとともに、それに従ってリスクの評価と対応が行われることを確保しているか
	5	5－1	組織は、各部署において、当該部署における内部統制に係るリスクの識別を網羅的に行っているか。
		5－2	組織は、識別されたリスクについて、以下のプロセスを実施しているか。 　1）リスクが過去に経験したものであるか否か、全庁的なものであるか否かを分類する 　2）リスクを質的及び量的（発生可能性と影響度）な重要性によって分析する 　3）リスクに対していかなる対応策をとるかの評価を行う 　4）リスクの対応策を具体的に特定し、内部統制を整備する
		5－3	組織は、リスク対応策の特定に当たって、費用対効果を勘案し、過剰な対応策をとっていないか検討するとともに、事後的に、その対応策の適切性を検討しているか。
	6	6－1	組織において、自らの地方公共団体において過去に生じた不正及び他の団体等において問題となった不正等が生じる可能性について検討し、不正に対する適切な防止策を策定するとともに、不正を適時に発見し、適切な事後対応策をとるための体制の整備を図っているか。
統制活	7	7－1	組織は、リスクの評価と対応において決定された対応策について、各部署において、実際に指示通りに実施されていることを把握しているか。

2-4 内部統制の評価及び報告書 **39**

動		7－2	組織は、各職員の業務遂行能力及び各部署の資源等を踏まえ、統制活動についてその水準を含め適切に管理しているか。
	8	8－1	組織は、内部統制の目的に応じて、以下の事項を適切に行っているか。 1）権限と責任の明確化 2）職務の分離 3）適時かつ適切な承認 4）業務の結果の検討
		8－2	組織は、内部統制に係るリスク対応策の実施結果について、担当者による報告を求め、事後的な評価及び必要に応じた是正措置を行っているか。
情報と伝達	9	9－1	組織は、必要な情報について、信頼ある情報が作成される体制を構築しているか。
		9－2	組織は、必要な情報について、費用対効果を踏まえつつ、外部からの情報を活用することを図っているか。
		9－3	組織は、住民の情報を含む、個人情報等について、適切に管理を行っているか。
	10	10－1	組織は、作成された情報及び外部から入手した情報が、それらを必要とする部署及び職員に適時かつ適切に伝達されるような体制を構築しているか。
		10－2	組織は、組織内における情報提供及び組織外からの情報提供に対して、かかる情報が適時かつ適切に利用される体制を構築するとともに、当該情報提供をしたことを理由として不利な取扱いを受けないことを確保するための体制を構築しているか。
モニタリング	11	11－1	組織は、内部統制の整備及び運用に関して、組織の状況に応じたバランスの考慮の下で、日常的モニタリング及び独立的評価を実施するとともに、それに基づく内部統制の是正及び改善等を実施しているか。
		11－2	モニタリング又は監査委員等の指摘により発見された内部統制の不備について、適時に是正及び改善の責任を負う職員へ伝達され、その対応状況が把握され、モニタリング部署又は監査委員等に結果が報告されているか。
ICTへ	12	12－1	組織は、組織を取り巻くICT環境に関して、いかなる対応を図るかについての方針及び手続を定めているか。

の対応	12−2	内部統制の目的のために、当該組織における必要かつ十分なICTの程度を検討した上で、適切な利用を図っているか。
	12−3	組織は、ICTの全般統制として、システムの保守及び運用の管理、システムへのアクセス管理並びにシステムに関する外部業者との契約管理を行っているか。
	12−4	組織は、ICTの業務処理統制として、入力される情報の網羅性や正確性を確保する統制、エラーが生じた場合の修正等の統制、マスター・データの保持管理等に関する体制を構築しているか。

② 評価項目と変更

　地方自治体は、自治体の置かれた環境や業務の特性等によって、各自治体に適した内部統制を整備・運用することが求められます。

　しかし、一般的な地方自治体の状況を想定した場合、全庁的な内部統制の有効性を評価するにあたっては、**導入・実施ガイドラインの（別紙1）の評価項目**について、これらが遂行されているか否かによって評価することになります。

　もし、自治体ごとの状況に応じて、評価の基本的考え方に追加を行う、あるいは評価項目に加除修正を行った場合は、変更点がわかるように内部統制評価報告書に記載しなければならないことは、すでに取り上げたところです。

③ 評価方法

　導入・実施ガイドラインによると、全庁的な内部統制については、内部統制評価部局が、全庁的な評価項目のそれぞれに対応する内部統制の整備状況の記録を行い、必要に応じて関係部局の担当者等への質問や記録の検証等を行った上で、内部統制は適切か否かの判定を行います。

　具体的には、評価項目ごとに、内部統制の概要、統制内容を示す資料、決裁権者、日付（適用開始日、実施日等）、所管部署等を把握し、それらを踏まえ、整備上及び運用上の不備の有無を把握した上で、不備がある場

合には当該不備が重大な不備に当たるかどうかを判断します。

3）業務レベルの内部統制の評価

① 評価の手順

　業務レベルの内部統制の評価では、「リスク評価シートに記載されている業務レベルの内部統制の整備状況及び各部局による自己点検結果に対し、整備上及び運用上の不備がないかを評価する」としています。さらに「その上で、不備がある場合には、当該不備が重大な不備に当たるかどうか判断を行う」としています。

② 評価項目

　導入・実施ガイドラインの「（別紙3）財務に関する事務についてのリスク例」は、内部統制の4つの目的、すなわち業務の効率的かつ効果的な遂行、業務に関わる法令等の遵守、財務報告等の信頼性の確保、資産の保全に分けて、財務に関する事務について**62のリスク**の例を示しています（「**図表2－3：リスク一覧表の例**」参照）。

　このリスク一覧表を参考に、地方自治体の各部局は、自部局が抱えるリスクを洗い出し、リスク評価シートに記録し、業務レベルの内部統制が整備上及び運用上の不備がないかを否かを評価します。

③ 評価方法

　導入・実施ガイドラインによると、各部局における業務レベルの内部統制については、まず、リスク評価シートに記載したリスクについて、各部局がリスクへの対応策が適切か否かについて自己評価を行った上で、内部統制評価部局が独立的評価を組み合わせることによって、有効性の評価を行います。

　具体的には、リスク評価シートに記載されているリスク対応策について、**リスク対応策の整備が適時に実施**されたか、**リスク対応策の内容が適**

42　　第2章　内部統制制度の導入・実施の実務（現行の実務）

切であったか、**自己点検やその後の改善が適切に実施**されたかといった点から評価を行い、不備の有無の把握及び不備がある場合には当該不備が重大な不備に当たるかどうかの判断を行います。

なお、評価対象であるリスク対応策は、統制活動が中心になると考えられます。

> 　導入・実施ガイドラインには、業務レベルの内部統制の評価項目により評価を行う部局を明確にしていませんが、内部統制評価部局の独立的評価と組み合わせることで評価する、としていると読み取れます。
>
> 　しかし、手順としては、リスク評価シートに記載されている各部局のリスク対応策および自己評価の結果について内部統制推進部局が評価を担い、リスク対応策に不十分な点がある場合は、該当部局へ対応策の再検討を求めるのが順当であると思われます。

4）有効性評価（不備、重大な不備の判定）

①　不 備

　内部統制の不備は、全庁的な内部統制、業務レベルの内部統制のいずれにおいても、以下の場合に整備上の不備及び運用上の不備に該当します。

（不備の種類）	（内部統制の状況）
整備上の不備	• 統制活動が存在しない[*] • 規定されている方針及び手続では内部統制の目的を十分に果たすことができない • 規定されている方針及び手続が適切に適用されていない
運用上の不備	• 整備段階で意図した内部統制の効果が得られておらず、結果として不適切な事項を発生させた

（＊）導入・実施ガイドラインでは「内部統制が存在しない」となっていますが、後段の文章から、内部統制ではなく統制活動であると判断しました。

　上場会社の内部統制報告制度では、"規定されている方針及び手続が適

切に適用されていない"ケースは、**運用上の不備**とされていますが、地方自治体の内部統制制度では、**整備上の不備**とされています。これは、以下の理由によります。

すなわち、上場会社では、評価チームが、取引の処理結果の中からサンプルを取って、規定されている方針及び手続が意図したように適用されているか否かを確認します。

他方、地方自治体の内部統制制度では、評価部局の負担が過大にならないように、事務処理結果の中からサンプルを取って、規定されている方針及び手続が意図したように適用されているか否かの確認は求められていません。当然、各部局に対してもサンプルによるチェックは求められてはいません。

すなわち、規定されている方針及び手続が意図したように適用されているか否か、言い換えれば、運用状況についての確認は、しなくとも良いことになっています。

そして運用状況については、各部局からもたらされる、"事務の過程で結果として不適切な事項が発生したか否か"についての情報で検討することになっています。

そのため、地方自治体の内部統制制度では、「規定されている方針及び手続が適切に適用されていない」ケースは、運用上の不備ではなく、整備上の不備に分類されています。

分類はそうであるとしても、各部局では整備上の不備の有無を識別するために、規定されている方針及び手続が適切に適用されているか否かを確認しなければなりません。

しかし導入・実施ガイドラインは、その確認の方法については、なんら触れていません。

② 重大な不備

内部統制の不備のうち、事務の管理及び執行が法令に適合していない、

44　第2章　内部統制制度の導入・実施の実務（現行の実務）

または適正に行われていないことにより、地方公共団体・住民に対して大きな経済的・社会的な不利益を生じさせる蓋然性の高いもの、もしくは実際に生じさせたものを、重大な不備と言います。

全庁的な内部統制、業務レベルの内部統制のいずれにおいても、以下の場合には、内部統制は整備上の重大な不備及び運用上の重大な不備に該当します。

（重大な不備の種類）	（内部統制の状況）
整備上の重大な不備	• 全庁的な内部統制の評価項目の要求内容に照らして著しく不適切であり、大きな経済的・社会的な不利益を生じさせる蓋然性が高いもの
運用上の重大な不備	• 不適切な事項が実際に発生したことにより、結果的に大きな経済的・社会的不利益を生じさせたもの

したがって、業務レベルの内部統制の整備上の不備が複数の部局に渡って生じており、全庁的なリスクに相当する場合で、全庁的な内部統制の評価項目の要求内容に照らして著しく不適切であり、大きな経済的・社会的な不利益を生じさせる蓋然性が高いものは、**整備上の重大な不備**に該当することになると考えられます。

整備上の不備により、不適切な事項が実際に発生し、結果的に大きな経済的・社会的不利益が生じた場合は、**運用上の重大な不備**に該当します。この不備が、方針や手続の変更などの整備上の対応を必要とする場合でも、整備上の重大な不備に該当するものとしては、取り扱わないことになっています。

また、業務レベルの内部統制の整備上の不備が、特定の部局の不備にとどまる個別リスクである場合であっても、それにより不適切な事項が実際に発生し、結果的に大きな経済的・社会的不利益を生じさせた場合は、運用上の**重大な不備**に該当すると考えられます。

実務において整備上もしくは運用上の重大な不備と判定するには、何をもって"大きな経済的・社会的な不利益"と判定するするのか、各地方自

2-4 内部統制の評価及び報告書 **45**

治体はその量的・質的な規準を事前に定めておく必要があります。

　整備上及び運用上の不備と重大な不備を一覧表にすると、**図表２－８**のようになります。

図表２－８：整備上及び運用上の不備と重大な不備の一覧

	（整備上）	（運用上）
不備	・統制活動が**存在しないか**、存在していても十分に**目的を果たせないもの** ・方針及び手続が**適切に適用されていないもの**	・結果として**不適切な事項を発生**させたもの
重大な不備	・**大きな**経済的・社会的な不利益を生じさせる**蓋然性**が高いもの	・結果的に**大きな**経済的・社会的**不利益を生じさせたもの**

③ 整備上の重大な不備の例

　導入・実施ガイドラインは、整備上の重大な不備として、不備の影響が複数の部局、もしくは全庁に及ぶ例として、以下のケースを示しています。

> ・複数の部局にまたがる大規模な施設の建設事業について、部局ごとの権限と責任が明確に示されておらず、当該事業の適切な執行に支障が生じる可能性が著しく高い状況にある。
> ・会計処理の変更について、財務情報に係るＩＣＴシステムに反映すべき担当者に適切な情報の共有がなされておらず、また、システムの変更を確認することとされておらず、複数の財務情報に誤りが必然的に生じる状況にある

④ 運用上の重大な不備の例

　また、運用上の重大な不備として、以下のケースを示しています。

> ・特定の部局において監査委員監査において指摘されたリスクについて、適

切に共有がなされなかったため、複数の部局でリスクの評価と対応が行われず、複数の事務的なミスにつながったことで、多大な超過勤務の発生を招いた。

- 内部統制の不備が生じていた事実が内部通報制度により情報提供されていたにも関わらず、担当者が適切に対応していなかった結果、更なる不備が発生し、地方公共団体の社会的信用を毀損した。

- 過去に監査委員から指摘があった内部統制の不備に対し、具体的な改善策の検討や実施が行われなかった結果、同様の不備の再発につながり、多大な損害が発生した。

　導入・実施ガイドラインは、不適切な事項が実際に発生し、それが運用上の重大な不備に該当する場合において、その原因として内部統制が存在しない、規定されている方針及び手続では内部統制の目的を十分に果たすことができない、あるいは規定されている方針及び手続が適切に適用されていないなど、整備上の重要な不備に該当する場合であっても、運用上の重大な不備としてのみ取り扱い、整備上の重要な不備として取り扱わないことは、すでに取り上げたところです。

⑤　重大な不備の報告

　重大な不備がある場合は、内部統制についての説明責任を果たす観点から、内部統制評価報告書に記載して、議会及び地区住民へ報告しなければなりません。

⑥　有効性の判断

　評価対象期間の最終日（評価基準日）において整備上の重大な不備が存在する場合、または評価対象期間において運用上の重大な不備がある場合は、首長は、内部統制対象事務（財務に関する事務等）に係る内部統制は、有効に整備または運用されていない（すなわち、有効ではない）と判

断することになります。

　いずれにも該当しない場合は、有効に整備及び運用されていると判断することができます。

　評価の過程で発見された整備上の重大な不備が評価基準日までに是正された場合は、当該内部統制は有効であると認めることができます。しかしこの場合は、以下を内部統制評価報告書へ記載する必要があります。

- 当該重大な不備の内容及び原因
- 是正までの間に当該重大な不備により生じた影響
- 講じた是正措置の内容
- 是正を行った後の内部統制の状況等

5）報告書の作成・報告

　首長は、評価結果に基づいて内部統制評価報告書を作成します。内部統制評価報告書には、以下の事項を記載します。

- 内部統制の整備及び運用に関する事項（首長の責任、内部統制の基本的　枠組み、対象事務、内部統制の限界等）
- 評価手続（評価対象期間及び評価基準日、評価方法、全庁的な内部統制の評価項目等）
- 評価結果
- 不備の是正に関する事項
- その他説明をすることが適当と首長が判断した事項

　ガイドラインＱ＆Ａ　Ⅳ-05 は、評価基準日後から内部統制評価報告書の提出日までの間に実施した整備上の重大な不備に係る是正措置がある場合は、説明責任を果たす観点から、「不備の是正に関する事項」等に記載することは可能であるとしています。

　また、運用上の重大な不備を発生させた重大な不備の評価基準日における状況を内部統制評価報告書に記載することも、有益であると考えられます。

48   第2章　内部統制制度の導入・実施の実務（現行の実務）

　首長は、作成した内部統制評価報告書を監査委員の審査に付した後、監査委員の意見を付けて議会に提出し、内部統制に関する方針と同様、広く住民に対して公表します。

2-5 監査委員による審査

　監査委員は、首長が内部統制の整備及び運用について不断の見直しを行うのを促すために、内部統制評価報告書の審査を行い、意見を付すこととされています。

　具体的には、監査委員は、首長が作成した内部統制評価報告書について、監査委員が確認した内部統制の整備状況及び運用状況並びに評価に係る資料やその他の監査等によって得られた知見に基づき、所定の審査を実施し、以下の観点から検討を行い、意見を付します。

- 首長による評価が評価手続に沿って適切に実施されたか？
- 内部統制の不備について重大な不備に当たるかどうかの判断が適切に行われているか？
- 評価手続及び評価結果に関する内部統制評価報告書の記載は適切か？

1）評価手続に係る記載の審査

　監査委員は、首長による評価が評価手続に沿って適切に実施されたかといった観点から、評価手続に係る記載について審査を行います。

① 評価手続の把握

　監査委員は、以下の事項について、内部統制評価部局より関連する資料を入手した上で、必要に応じて、首長、内部統制評価部局及び関係部局の担当者等に対して質問を行い、評価手続を適切に把握します。

- 首長による評価に係る評価体制
- 評価対象期間及び評価基準日
- 評価範囲
- 全庁的な内部統制の評価項目並びに評価方法

50　第２章　内部統制制度の導入・実施の実務（現行の実務）

② 評価手続の検討

　監査委員は、内部統制評価部局より、首長による評価の根拠となる資料として、内部統制評価部局が把握した全庁的な内部統制及び業務レベルの内部統制の整備状況及び運用状況に関わる資料を入手します。

　この資料をもとに、必要に応じて内部統制評価部局及び関係部局の担当者等に対して質問を行った上で、以下の観点から、検討を行います。

- 評価範囲に含まれるべき内部統制対象事務について網羅的に評価されているか？
- 全庁的な内部統制及び業務レベルの内部統制の評価項目[*]に対応する内部統制の整備状況及び運用状況が適切に把握されているか？
- 首長による評価が形骸化していないか？

（＊） 全庁的な内部統制の評価項目については**図表２－７**で、業務レベルの内部統制の評価項目については**図表２－８**で取上げているので、参照してください。

③ 全庁的な内部統制の評価手続の検討

　監査委員は、以下の手続を実施して、以下の観点から、全庁的な内部統制の評価手続の検討を行います。

（実施手続）	（観点）
導入・実施ガイドラインの別紙１に示された全庁的な内部統制の評価項目に対応する内部統制の**記録の閲覧**や、内部統制評価部局等への**質問**をする。	内部統制評価部局の評価作業が、各評価項目に対応して実施されているか？
関係部局の担当者への**質問**等をする。	前年度からの状況の変化等が適切に反映されたか？

④ 業務レベルの内部統制の評価手続の検討

　監査委員は、以下の手続を実施して、以下の観点から、業務レベルの内部統制の評価手続の検討を行います。

（実施手続）	（観点）
監査委員の監査等によって得られた知見に基づいて、自ら設定した一定程度以上のリスクの全部または一部について、各部局における評価手続が適切に実施されているかを、内部統制推進部局及び内部統制評価部局に対して**質問**する。	把握すべき内部統制の不備が、リスク評価シート、リスク一覧及びリスクの影響度・発生可能性に基づくリスク分析により漏れなく把握されるか？
必要に応じて、特定の評価手続の実施状況について、関係部局の担当者への**質問**や業務の実施状況の**観察**を行う。	リスク評価シートの精度は適切か？

2）評価結果に係る記載の審査

　監査委員は、首長による評価の根拠となる資料を基に、必要に応じて、首長、内部統制評価部局及び関係部局の担当者等に対して質問を行った上で、以下の観点から、検討を行います。

- 首長が評価の過程において把握した不備について、重大な不備に当たるかどうかの判断を適切に行っているか？
- 整備上の重大な不備がある場合には評価基準日までに是正されたか？

① 全庁的な内部統制の整備状況及び運用状況の評価結果の検討

　監査委員は、以下の手続を実施して、各評価項目について首長が行った評価結果、及び首長が当該評価結果を得るに至った根拠等を確かめ、首長が行った全庁的な内部統制の**整備状況**及び**運用状況**の評価結果が適切かどうか、整備上の重大な不備は評価基準日までに**是正**されたかどうか、の検討を行います。

- 内部統制評価部局が行った全庁的な内部統制の評価項目それぞれに対応する内部統制の整備状況の**記録の閲覧**や、首長及び内部統制評価部局等に対して**質問等**を行う。

52　　第2章　内部統制制度の導入・実施の実務（現行の実務）

② 業務レベルの内部統制の整備状況の評価結果の検討

　監査委員は、以下の手続を実施して、首長が行った業務レベルの内部統制の**整備状況についての評価結果**が適切かどうか、特に、当該不備が重大な不備に該当しないかどうか、整備上の重大な不備は評価基準日までに**是正**されたかどうか、の検討を行います。

- 内部統制評価部局の評価作業が終了した後、リスク評価シートの内容を参考に、以下を把握する。

> - 当年度においてリスクが高いと判断された業務、過去に内部統制の評価作業で把握されたリスク、監査委員の監査等で把握されたリスク等について取られた対応策の内容
> - 首長が把握した内部統制の整備上の不備の内容

- 上記事項及びその他監査委員が必要と判断した事項について、リスク評価シート以外の**記録等の閲覧**や内部統制評価部局及び関係部局の担当者等に対して**質問等**を行う。

③ 業務レベルの内部統制の運用状況の評価結果の検討

　監査委員は、以下の手続を実施して、首長が行った業務レベルの内部統制の**運用状況についての評価結果**が適切かどうか、特に、当該不備が重大な不備に該当しないかどうかの検討を行います。

- 内部統制評価部局等より適時に報告を受けるとともに、期末の段階においてはリスク評価シートを入手し、首長が把握した運用上の不備について網羅的に把握する。
- 首長が把握した内部統制の運用上の不備及びその他監査委員が必要と判断した事項について、リスク評価シート以外の**記録等の閲覧**や内部統制評価部局及び関係部局の担当者等に対して**質問等**を行う。

2-5 監査委員による審査　　*53*

④　整備上の重大な不備が是正された場合

　すでに述べたように、整備上の重大な不備が、首長によって評価基準日
（期末日）までに是正された場合は、首長は、当該是正された整備上の重
大な不備があった内部統制は有効であると主張できます。

　監査委員は、首長により実施された是正措置に対する首長の評価が適切
であることを確かめた上で、首長の主張を認めることができます。

3）審査意見

①　評価手続に係る記載に対する審査意見

　監査委員は、首長による評価が評価手続に沿って適切に実施されている
かどうかの判断を行い、適切と考えられる場合には、首長による評価手続
に係る記載は相当であるとし、不適切な点があると考えられる場合には、
首長による評価手続が適切に実施されていないとして、審査意見の記載を
行います。

②　評価結果に係る記載が相当である場合の審査意見

　監査委員は、首長による評価結果が適切に記載されていると考えられる
場合は、評価結果に係る記載は相当であるとして、審査意見の記載を行い
ます。

　首長が、評価の過程で発見された整備上の重大な不備については評価基
準日までに是正したとして当該重大な不備に係る内部統制は有効であると
内部統制評価報告書に記載している場合において、当該評価結果に係る記
載が相当であると判断し審査意見を付す場合には、当該整備上の重大な
不備が是正されている旨を備考に記載します。

　整備状況または運用状況に重大な不備がある場合は、首長の内部統制評
価報告書に記載されますが、監査委員も審査意見として記載を行います。

54　第2章　内部統制制度の導入・実施の実務（現行の実務）

③　評価結果に係る記載が相当でない場合の審査意見

　監査委員は、内部統制対象事務に係る内部統制が有効に整備及び運用されていると首長が判断している場合であっても、評価基準日において整備上の重大な不備または評価対象期間において運用上の重大な不備とすべきものがあると考えられるときは、首長による評価結果に係る記載は相当ではなく、内部統制対象事務に係る内部統制は有効に整備または運用されていないものとして、審査意見の記載を行います。

第 3 章

令和 6 年改訂
ガイドラインの考察
（現行実務への 15 の提言）

　第 2 章では、令和 6 年 3 月に改訂された導入・実施ガイドライン
に基づいて、地方自治体の内部統制制度の導入及び実施について取り
上げました。

　本章では、現行のガイドラインに関する事項ついて、制度のフレー
ム、内部統制の枠組み、内部統制を整備する体制、リスクの識別、内
部統制の評価の 5 つに区分して、合計 15 項目について考察し、提
言をします。

3-1 制度のフレーム

1）市町村長の内部統制に対する努力義務と最低限の義務

① 知事等の義務

　繰り返しになりますが、地方自治法第 150 条第 1 項は、「都道府県知事及び指定都市の市長は、その担当する事務のうち財務に関する事務等の管理及び執行が法令に適合し、かつ、適正に行われることを確保するための方針（内部統制に関する方針）を定め、及びこれに基づき必要な体制を整備しなければならない」としています。

② 指定都市以外の市町村庁の義務

　地方自治法第 150 条第 2 項は、指定都市の市長以外の市町村長は、内部統制に関する方針を定め、必要な体制を整備することは、努力義務とされています。

　そして指定都市の市長以外の市町村長は、内部統制に関する方針を**定めた場合**には遅滞なくこれを公表し、毎会計年度に内部統制評価報告書を作成し、監査委員の審査に付し、監査委員の審査意見とともに議会へ提出し、住民に公表しなければなりません。

　逆に言えば、指定都市の市長以外の市町村長は、内部統制に関する方針を**定めない**限り、当該方針を公表したり、毎会計年度に内部統制評価報告書を作成したり、監査委員の審査に付したり、これらを議会や住民に公表したりする義務は生じません。

③ 内部統制を整備する義務はないのか？

　では、内部統制に関する**方針を定めない**市町村長は、内部統制を整備する義務はないのでしょうか？

3-1 制度のフレーム 57

　繰り返しになりますが、地方自治体は、「住民の福祉の増進を図る」という基本的な達成目的があります。そして、地方自治法第2条第14項は、「地方公共団体は、その事務を処理するに当っては、住民の福祉の増進に努めるとともに、最小の経費で最大の効果を挙げるようにしなければならない」としています。

　地方自治体には、戦後からの長い期間に渡って培われてきた行政のノウハウがあります。これに乗って事務を進めていけば、一通りの行政をこなすことができます。

　それでも、現行の事務手続の可視化を図って、地方自治体の基本的な目的である「住民の福祉の増進」いう目的の達成を阻害する事務上の要因をリスクとして識別及び評価し、重要なリスクへの対策を講じれば、事務の執行が法令に適合し、かつ、適正に行われることを確保することが可能になります。

　すなわち、地方自治法第2条第14項の趣旨に従えば、事務の執行が法令に適合し、かつ、適正に行われることを確保する体制、すなわち内部統制を整備することは、すべての首長に求められている義務であると考えられます。

　地方自治法第150条第2項で**努力義務になっている**のは、内部統制に関する方針を定めて住民へ公表すること、内部統制評価報告書を作成し、監査委員の審査を受け、それを議会へ提出し、公表することだけなのです。

　それの基になる部分である事務の執行が法令に適合し、かつ、適正に行われることを確保するための体制（内部統制）を整備することは、努力義

図表3-1：市町村長の内部統制に関する義務

| 努力義務 | ⇒ | 地方自治法第150条第2項の努力義務 |
| 最低限の義務 | ⇒ | 地方自治法第2条第14項を根拠とする内部統制の整備 |

務ではなく、義務であると考えられます。

④ 整備する内部統制のレベル

では、市町村長は、どのレベルの内部統制を整備するべきなのでしょうか？

内部統制は、地方自治体の基本的な目的である「住民の福祉の増進」という**目的の達成を阻害する事務上の要因**をリスクとして識別及び評価し、重要なリスクを適切なレベルまで低減するための対策を講じて、事務の適正な執行を確保するために整備します。

地方自治体の規模や置かれた環境によって、「住民の福祉の増進」いう組織目的の達成を阻害する事務上の要因は、当然異なってきます。したがって、すべての地方自治体に共通する内部統制というものは存在しません。各自治体が、「住民の福祉の増進」いう目的の達成を阻害する事務上の要因を識別・評価し、対策を講じなければならないのです。

それでも、例えば本書の"第2章 2-3 内部統制の整備 2）全庁的な内部統制の整備、及び3）業務レベルの内部統制の整備"で取り上げた内容の内部統制を整備することが考えられます。

仮に、このような体制の整備を怠っていたために、職員による多額の使い込みや自治体の信用の失墜を招く事態が生じてしまったような場合において、市町村長が何らかの責任を問われることは無い、と言えるのでしょうか？

2）財務に関する事務以外の内部統制対象事務

① ガイドライン Q&A

ガイドライン Q&A「Ⅱ－01財務に関する事務（2019-Q3）」は「…法令等の遵守全般又は、情報管理に関する事務等、財務に関する事務以外の事務についても、必要に応じて、長が認めるものとして、内部統制対象事務に追加することは可能です」として、"その管理及び執行が法令に適合

し、かつ、適正に行われることを特に確保する必要がある事務として都道府県知事又は指定都市の市長が認める事務"の例を示しています

では、これ以外に、"その管理及び執行が法令に適合し、かつ適正に行われることを特に確保する必要がある事務"はないのでしょうか？

② 地方自治体のリスク

導入・実施ガイドラインは「地方自治体における内部統制とは、住民の福祉の増進を図ることを基本とする組織目的の達成を阻害する事務上の要因をリスクとして識別及び評価し、対策を講じることで、事務の適正な執行を確保することである」としています。

すなわち、地方自治体の組織目的は住民の福祉の増進を図ることであり、住民の生活に必要な行政サービスを提供することです。この目的の達成を阻害する事務上の要因がリスクであり、そのリスクを識別及び評価し、対策を講じて事務の適正な執行を確保することが、地方自治体の内部統制の目的となります。

ところで、地方自治体の行政サービスは、**図表３－２**に示したように多岐にわたります。したがって地方自治体は、これらのサービスに関する事務に係るリスクを識別及び評価し、対策を講じて事務の適正な執行を確

図表３－２：地方自治体の行政サービス

広域的行政サービス （都道府県）	治山・治水事業、 道路・河川・公共施設の管理及び建設、 義務教育・社会福祉の水準維持など
基礎的行政サービス （市町村）	戸籍住民登録や証明書の発行、 消防団の活動強化、 ごみ処理、 上下水道や公園緑地の整備、 街づくり、 公民館・保育所・小中学校・図書館などの公共施設の運営管理など

60　第３章　令和６年改訂ガイドラインの考察（現行実務への15の提言）

保する必要があります。

③　各部局のリスクは異なる

　地方自治体の行政サービスは、各部局によって提供されます。各部局が提供する行政サービスの内容が異なれば、①業務の効率的かつ効果的な遂行、②報告の信頼性の確保、③業務に係る法令等の遵守、④資産の保全のリスクは、当然に異なってきます。

　したがって、４つの目的を達成できないリスクは、部局ごとに識別しなければならないのです。

④　各部局に共通するリスク

　しかしそれでも、各部局が提供する行政サービスに共通するリスクはあります。各部局が行政サービスを提供するには人、物、お金、情報が必要です。人は職務の執行に必要な能力を備えた職員の雇用と能力開発のことであり、物は行政サービスを提供するために必要な物品やサービスを調達することです。お金は資金の確保であり、情報は情報の確保と保全のことです。

　物の購入とお金の支出については、財務に関する事務の中の**予算、収入、支出、契約、現金及び有価証券の出納と保管、財産管理**等の事務として、すでに内部統制対象事務に含まれています。

　しかし、人と情報に関する事務は現行の内部統制対象事務に含まれていません。したがって、これを、"その管理及び執行が法令に適合し、かつ、適正に行われることを特に確保する必要がある事務として都道府県知事または指定都市の市長が認める事務"として、内部統制対象事務に追加することが考えられます。

⑤　人と情報に係るリスクの識別

　人と情報に関する事務に係るリスクとしては、以下のようなものが挙げ

られます。

（人と情報に関する事務に係るリスク）

人に関する事務	・ ハラスメント防止 ・ 職員の人権保護 ・ 公益通報者保護 ・ 残業時間の管理 ・ 給料、特に残業の割増賃金の計算の正確性、その他
情報に関する事務	・ 機密性の確保（漏洩防止、不正アクセス禁止など） ・ 完全性の確保（不正な改ざんからの保護など） ・ 可用性の確保（必要な人が必要なときに必要な情報にアクセスできる） ・ 職員や住民の個人情報保護

　これらのリスクを、各部局が担う事務手続の流れに沿ってさらに詳細に分析することによって、①業務の効率的かつ効果的な遂行、②報告の信頼性の確保、③業務に係る法令等の遵守、④資産の保全のリスクを識別することができるようになります。

3）業務アプローチの内部統制評価

①　ガイドラインのスタンス

　導入・実施ガイドライン「（別紙3）財務に関する事務についてのリスク例」は、地方公共団体において発生すると考えられるリスクを一覧にして、示しています。

　導入・実施ガイドラインでは、内部統制推進部局は、これを参考にして、各地方自治体に適したリスク一覧表を作成して各部局に配布し、これに基づいて自部局に関係するリスクを洗い出すことを求めるとしています。

　すなわち、各部局単位で、財務に関する事務において①業務の効率的かつ効果的な遂行、②報告の信頼性の確保、③業務に係る法令等の遵守、④資産の保全、に係るリスクを洗い出すアプローチを取っています。

これは、まず先に各部局の事務手続があり、そこにどのようなリスクが潜在しているかを識別・評価し、それに対する既存の内部統制の有効性を評価するアプローチで、業務アプローチと呼ぶことができます。

② リスク・アプローチ

これに対して、最初にリスクを選定し、そのリスクに対して各部局がどのような内部統制を整備しているのかを識別・評価し、有効性を判断するアプローチがリスク・アプローチです。

そして、有効であると考えられる内部統制、特に統制活動を、他の部局にも広げていくのが、リスク・アプローチの特徴です。

③ 業務アプローチとリスク・アプローチの関係

業務アプローチとリスク・アプローチは、対立するものではありません。例えて言うならば、縦と横の関係にあります。これを示したのが**図表3−3**です。

業務アプローチではA事務、B事務、C事務の中に、リスク①〜④のどのリスクが潜在しているかを洗い出します。他方リスク・アプローチでは、リスク①、リスク②、リスク③、リスク④は、A〜C事務のどの事務に潜在しているかを洗い出します。

④ 業務アプローチのメリット・デメリット

導入・実施ガイドラインでは、（別紙3）を参考に作成したリスク一覧表を基に、各部局に対し、自分の部局に関係するリスクを洗い出すことを求めています。この方法によれば、各部局では、どのようなリスクがあるかをゼロから考える手間が省け、スムースにリスクの識別作業に入っていけるメリットがあります。

しかし、リスク一覧表にリストされるリスクは、すべての部局に係るリスクではありません。むしろ、各部局はリスク一覧表のごく一部に係わっ

図表３－３：業務アプローチとリスク・アプローチの関係

（業務アプローチ）

	Ａ事務	Ｂ事務	Ｃ事務	・・・
リスク①				
リスク②				
リスク③				
リスク④				
・・・				

（リスク・アプローチ）

	Ａ事務	Ｂ事務	Ｃ事務	・・・
リスク①				
リスク②				
リスク③				
リスク④				
・・・				

ているに過ぎません。各部局では、リスク一覧表に記載された各リスクについて「我が部局は係わっているかな？」という検討を、１つ１つ進めなければなりません。これには、多少の時間を要するというデメリットがあります。

　また、事務手続の中に重要なリスクが潜在するにもかかわらず、リスク一覧表にリストされていないために、リスクとして識別するのを漏らしてしまう可能性が高くなるという、デメリットもあります。

⑤　どちらを採用するか？

　地方自治体の事務手続に潜在すると考えられるリスクを洗い出して、そのリスクに対する内部統制が適切であるか否かを評価するためには、業務

アプローチが適しています。

　他方、あるリスクに対して各部局がどのような形で関係し、関係するリスクを当該部局に整備されている内部統制が適切なレベルまで低減しているか否かを評価するには、リスク・アプローチが適していると考えられます。

　例えば法律の新設や改訂、社会環境の変化に伴って新しく出現したリスクに対する各部局の内部統制が適切か否かを確認する目的では、効率的に目的を達成できるリスク・アプローチが適しています。

　各地方自治体においては、導入・実施ガイドラインに基づいた内部統制の有効性の確認が一段落した後においては、リスク・アプローチの採用を検討されては如何でしょうか？

3-2 内部統制の枠組み

4）リスクの評価と対応

① リスク対応策の種類

　導入・実施のガイドラインは、内部統制の基本的要素の中の「②リスクの評価と対応」の箇所で、「リスクへの対応に当たっては、評価されたリスクについて、その回避、低減、移転又は受容等、適切な対応を選択する」としています。そして、それぞれの対応について、以下のような説明をしています。

リスクの回避	リスクの原因となる業務を見合わせ、または中止することをいう
リスクの低減	リスクの発生可能性や影響を低くするため、新たな内部統制を設けるなどの対応を取ることをいう
リスクの移転	リスクの全部又は一部を組織の外部に転嫁することで、リスクの影響を低くすることをいう
リスクの受容	リスクの発生可能性や影響に変化を及ぼすような対応を取らないこと、つまり、リスクをそのまま受け入れることをいう

　リスクの発生可能性や影響が非常に大きい、またはリスクを管理することが困難な場合等において、リスクの回避が選択されることがあります。リスクの移転には、例えば、保険への加入などが挙げられます。

　リスクが顕在化した後でも対応が十分に可能である場合、もしくはリスクが発生した場合の影響が許容できる水準以下のものである場合などでは、組織はリスクをそのまま受容することが考えられます。

66　第3章　令和6年改訂ガイドラインの考察（現行実務への15の提言）

②　採りうる対応策

回避は、リスクの原因となる業務を見合わせ、または中止することですが、地方自治体の事務手続で、業務を見合わせ、または中止できる業務は、**任意で行う自治事務**で、かつ**首長が対応策を選択するリスク**（下表を参照）に限られると考えられます。

ましてや、各部局の事務手続で、その業務を見合わせる、または中止する選択肢は、ほとんどないと推測されます。その可能性があるとすれば、いくつかある事務の方法の中で、リスクの発生可能性、もしくは発生したときの影響が大きい方法を取りやめて、別の方法へ変更することぐらいに限られると思います。

移転の対象になるリスクの数も、限られると思われます。

したがって、リスクへの対応として各部局で採りうるのは、圧倒的にリスクの低減と受容に限られると考えられます。

（首長が対応策を選択するリスク）

すべての組織には、組織のトップの対応が必要になるリスクがあります。では、地方自治体の首長が対応するリスクには、どのようなリスクがあるのでしょうか？

それは、その選択が地方自治体の方向性に影響を与えるリスクであり、各部局ではなく、首長が対応策を判断するリスクです。

①　地方自治体の事務

首長が対応するリスクを明らかにするために、地方自治体が処理する事務の内容について見ていきます。

地方自治体が処理する事務には法定受託事務と自治事務の2つがあります。

法定受託事務は、国または都道府県が本来果たすべき役割に係る事務であるが、利便性や効率性を考えて、「国から都道府県・市町村」あるいは「都道府県から市町村」に委託された事務です。

法定受託事務以外のものが自治事務です。**自治事務**には、**法律・政令によ**

り事務処理が**義務付け**られるものと、法律・政令に基づかずに**任意で行うもの**があります。前者の主な例としては、介護保険サービス、国民健康保険の給付、児童福祉・老人福祉・障害者福祉サービスなどがあります。後者の主な例としては、各種助成金等の交付、文化ホール、生涯学習センター、スポーツセンター等の公共施設の建設と管理があります。

② 対応策を選択するリスクと考慮点

法定受託事務や、法律・政令により事務処理が義務付けられている事務は、選択の余地がありません。必ず実施しなければなりません。実施にあたって発生するリスクに対しては、リスクを移転するか、内部統制を整備して低減するか、発生したときの影響が小さい場合は、そのまま受容します。

これに対して、任意で行うものは、自治体として実施するか否かを首長が選択しなければなりません。選択にあたっては、以下のような要素を考慮すると思われます。

- 住民が受けるベネフィットは執行予算よりも大きいか否か？
- 執行する場合のリスクの種類、及び各リスクの発生可能性と影響の大きさ
- リスクを十分に適切なレベルまで低減する能力の有無
- その他

③ 議会の役割

首長の対応が必要になるリスクについて、首長によるリスクの評価と対応が適切に行われるように、首長の判断を牽制する機能が必要になります。

この牽制機能を果たすのが「議会」です。

3-3 内部統制を整備する体制

5) 内部統制推進部局、評価部局、監査委員の三重構成

① 内部統制の整備体制

　導入・実施ガイドラインは、内部統制体制の整備の一環として、内部統制推進部局と内部統制評価部局を、新たにもしくは既存の組織を活用して設置することを提案しています（**図表２－１：内部統制整備のための全庁的な体制**を参照のこと）。

　そして、内部統制推進部局は、以下の役割を担います。

- 地方公共団体として取組むべき内部統制について検討を行う
- 内部統制に関する方針の策定に当たり首長を補佐する
- 方針に基づいて内部統制体制の整備・運用を全庁的に推進する

　また、内部統制評価部局は、以下の役割を担います。

- モニタリングの一環として、内部統制の整備・運用状況について独立的評価を行う
- 評価結果に基づいて、内部統制評価報告書を作成する

② 内部統制推進部局と内部統制評価部局

　内部統制推進部局は、内部統制に関する方針に基づいて内部統制の整備・運用を全庁的に推進するわけですが、その際には、各部局に対して内部統制の整備に関する指導をし、各部局から報告を受け、内容を吟味し、必要に応じて、各部局へ再検討を求めていきます。

　すなわち、リスクの識別と評価、対応策の立案等は、内部統制推進部局の指導のもとに各部局が行います。そして内部統制推進部局は、各部局からの報告の内容を吟味し、必要に応じて各部局へ再検討を求めます。

　この内部統制推進部局の業務は、もう十分に内部統制の整備・運用状況

の独立的評価に該当します。

この内部統制推進部局に加え、独立的評価を行う部署として内部統制評価部局を設置することは、屋上屋を重ねることになると考えられます。

③　内部統制評価部局と監査委員

内部統制評価部局は、内部統制の整備・運用状況について独立的評価を行い、その結果に基づいて内部統制評価報告書を作成します。

また監査委員は、首長が作成した内部統制評価報告書について、監査委員が確認した内部統制の整備状況及び運用状況並びに評価に係る資料やその他の監査等によって得られた知見に基づき、所定の審査を実施し、以下の観点から検討を行い、意見を付します。

- 首長による評価が評価手続に沿って適切に実施されたか？
- 内部統制の不備について重大な不備に当たるかどうかの判断が適切に行われているか？
- 評価手続及び評価結果に関する内部統制評価報告書の記載は適切か？

では、内部統制評価部局が独立的評価を行う際には、どのような手続を実施するのでしょうか？導入・実施ガイドラインには明示されていませんが、監査委員が**評価手続**及び**評価結果**に係る記載の審査で実施する作業と、ほぼ同じ作業を実施すると考えられます。すなわち、内部統制評価部局と監査委員は、ほぼ同じ作業を二重に繰り返すことになると思われます。

したがって、この観点からも、別途、内部統制評価部局を設置して、独立的評価を担当させる必要性は無いものと考えられます。

④　導入・実施ガイドラインの内容

導入・実施ガイドラインの「Ⅳ　内部統制評価報告書の作成　1　(1)評価体制」では、「評価を行う職員は、評価の対象となる業務を実施する

者ではなく、客観的な立場にあること、また、内部統制の整備及び運用の内容に精通し、評価の手法及び手続を十分に理解し適切な判断力を有することが望ましい」としています。

　もし、内部統制推進部局を既存の組織とは別に新たに設置し、配置する職員が各部局の事務に従事しないのであれば、十分にこの評価体制の条件に合致すると思われます。

　また後半では、評価を行う職員は、内部統制の整備及び運用の内容に精通し、評価の手法及び手続を十分に理解し適切な判断力を有することが望ましい、としています。このような職員の養成については、「第4章　担当者の知識向上・スキルアップへの提言」で取り上げます。

3-4 リスクの識別

6) 全庁的リスクの識別

① 全庁的リスクと個別リスク

　財務に関する事務に係るリスクには、全庁、もしくは複数の部局に係る全庁的リスクと、特定の部局の特定の事務に係る業務レベルの個別リスクがあります。

　導入・実施ガイドラインの「Ⅰ　1　(2)　②　リスクの評価と対応」は「全庁的リスクとしては、例えば、ICT システムの故障・不具合、会計処理の誤謬・不正行為の発生などが考えられる」としています。

　他方、個別リスクは、特定の部局の特定の事務に係る業務レベルのものです。したがって、他の部局や他の事務では、通常、発生しないと考えられるものです。

　繰り返しになりますが、ある部局で個別リスクとして識別されたものが他の部局や、他の事務でも発生することが容易に想定できる場合は、それは全庁的リスクに該当することになります。

② ２種類の全庁的リスク

　このように、全庁的リスクには**２つの異なるタイプ**のものが存在します。

　1つは、導入・実施ガイドラインが例示している「ICT システムの故障・不具合、会計処理の誤謬・不正行為の発生など」で、発生した場合の**影響が全庁に及ぶ**ものです。

　もう1つは、複数の部局で、あるいは、すべての部局の事務で発生する可能性があるが、発生した場合の影響がその部局内にとどまるものです。これは**全庁共通のリスク**と呼ぶことができます。

72　第3章　令和6年改訂ガイドラインの考察（現行実務への15の提言）

③　全庁的リスクに対する内部統制

　全庁的リスクは、リスクの発生可能性と発生した場合の影響が複数の部局、もしくは全庁に及びます。このリスクに対する対応策、特に低減のための統制活動を個々の部局で整備することは、経済的に効率が良くありません。

　このような全庁的リスクに対しては、全庁的な内部統制を整備します。

　全庁的な内部統制は、整備のコストに比較して効果が及ぶ範囲が広く、経済的です。しかし、リスクを低減する強さは業務レベルの内部統制には及ばないという点は、免れません。

　しかし、**全庁的なレベルの内部統制と業務レベルの内部統制**は、互いに独立しているわけではなく、**お互いが補完する**関係にあります。

　すなわち、内部統制を整備する際は、まず全庁的な内部統制を整備し、それだけではリスクの発生可能性と発生した場合の影響を十分に適切なレベルまで低減できないという場合に、業務レベルの内部統制を整備するというアプローチが、効率的で効果的であると言えます。

　極端な話になりますが、発生する可能性の低いリスクに対しては、全庁的なレベルの内部統制を整備することによって、**十分に発生可能性を低減**できる可能性があります。

7）業務レベルの個別リスクの識別

①　ガイドラインのリスク一覧表

　導入・実施ガイドラインは、「（別紙3）財務に関する事務についてのリスク例」、あるいは自らの団体で経験した過去の不祥事例、監査委員からの指摘、監査委員との意見交換、他の団体で等において問題となった不祥事例等をふまえて、各部局等においてリスクを識別する際に参考になる「**リスク一覧表**」を作成して、配布することを提案しています。

　この「（別紙3）財務に関する事務についてのリスク例」は、過去の不祥事例等を参考に、地方公共団体において発生すると考えられるリスクを

一覧にしたものです。

しかし、庁内のすべての部局が、この別紙3のリスクのすべてに、同じように関わっているわけではありません（**図表３－４及び３－５**参照のこと）。

②　事務手続の流れの理解

リスクの識別では、「リスク一覧表」のようなリストにあるリスクの有無を確認する方法は効率的にリスクを識別できるメリットがありますが、業務に潜在するリスクを見逃してしまう危険性があります。

繰り返しになりますが、内部統制は、業務に潜在するリスクを十分に適切なレベルまで低減するために整備します。すなわち、内部統制の整備は、重要なリスクが漏れなく識別されていることを前提としています。

重要なリスクを漏れなく識別するには、事務手続の流れを理解し、どこに、どのようなリスクがあるのか、すなわち業務手続の中に潜在するリスクを識別する方法が有用であると考えられます。

③　業務に潜在するリスクの識別

繰り返しになりますが、財務に関する事務に係るリスクは、各部局が実施する事務手続の中に潜在しています。

しかし、同じリスクが複数の部局に潜在すると想定される場合でも、その発生可能性や発生した場合の影響は、部局の事務手続の内容によって異なります。すなわち、ある部局ではこのリスクの影響は大きいが、そのリスクについては小さい、他の部局では、このリスクは小さいが、そのリスクは大きい、ということが起きます。

すなわち、同じリスクが複数の部局で識別される場合でも、その重要性には違いが生じるのが自然です。

これを示したのが、**図表３－４**です。

図表３－４：同じ個別リスクでも、部局によって大きさは異なる

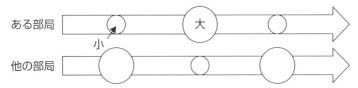

　また、ある部局では、丸のリスクは在るが三角のリスクは無い、他の部局では丸のリスクは無いが△のリスクが在る、ということが起こります。これを示したのが**図表３－５**です。

図表３－５：潜在するリスクの数と種類

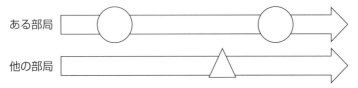

④　リスクが潜在する箇所の識別

　業務レベルのリスクを低減する内部統制は、日常の事務手続の中に組み込まれて、日常的に適用されなければなりません。事務手続の中のどこに内部統制を組み込めば、効率的かつ効果的に内部統制を運用することができるのかを知るために、どのリスクが事務手続のどの箇所で発生するのか、を識別する必要があります。

8）対象は対策前のリスク

①　２段階のリスク評価

　識別したリスクの評価には２段階あります。第１段階は、リスク対応策

が何も施されていない状態での量的・質的重要性を測定するものです。これは、どのようなレベルの内部統制を整備するのかを検討するときに使用します。

　第2段階は、既に導入されている内部統制を前提に、まだ低減されていない、言い換えれば、残っているリスク（残存リスク）の大きさを測定するものです。これは、内部統制がリスクを十分に適切なレベルまで低減しているか否かを検討するときに使用するものです。

　もしリスクを十分に適切なレベルまで低減していない場合は、十分に適切なレベルまで低減する統制活動を追加したり、まったく別の内部統制を設計・導入したりしなければなりません。

②　ガイドラインのスタンス

　導入・実施ガイドラインは、「Ⅰ　地方公共団体における内部統制の基本的枠組み」の冒頭で、"内部統制の基本的枠組みに基づき、既存の取り組みを整理し、必要に応じて改善または是正を図ることで、地方公共団体の組織目的をより確実に達成することが可能となる"と述べていることから、地方自治体の内部統制制度では残存リスクの評価を前提にしているように見受けられます。

　他方、導入・実施ガイドラインは「Ⅲ　内部統制体制の整備　2.（2）リスク対応策の整備」において、「内部統制推進部局は、識別・評価されたリスクの重要性に応じて、組織として対応する必要性の高いリスク及び必要性の低いリスクを整理し、各部局に対応策を検討するように求める」とし、「各部局は、各リスクに対して、どのような対応策を整備するのかを検討し、リスク評価シートに記載する」としています。

　すなわちこれは、**対策前のリスクの評価**を前提に、重要性が高く、組織として対応する必要性があるリスクを選別し、それを十分に適切なレベルまで低減する統制活動を中心とする対応策を検討し、それをリスク評価シートへ記載することを求めたものであると考えられます。

76　第３章　令和６年改訂ガイドラインの考察（現行実務への 15 の提言）

　このリスク評価シートへ記載する**対応策**は、すでにある事務手続がリスクに対して十分に適切であると判断した場合は、その手続を記載し、不十分であると判断した場合は追加の対応策（手続）を記載し、あるいはまったく別の新しい対応策を記載することになると考えられます。

　更に導入・実施ガイドラインは「内部統制推進部局は、…リスク対応策に不十分な点がある場合には、各部局にリスク対応策の再検討を求める」としています。

　これは、各部局がリスク評価シートへ記載した**対応策**が、対策後の**残存リスク**を十分に適切なレベルまで低減しておらず、不十分であると内部統制推進部局が判断した場合は、各部局に対して対応策の再検討を求めることを示していると考えられます。

③　リスク評価シートからの解釈

　リスク評価シートは、「リスク識別・評価作業」の段階でリスクを識別し、重要性を評価し、「リスク対応策整備作業」の段階でリスク対応策を記載し、「自己評価作業」の段階で整備状況の自己評価を行うことになっています。

　つまり、リスクの重要性評価の結果に基づいてリスク対応策を検討し、その後に整備状況を自己評価することになっている点からも、導入・実施ガイドラインのリスクは**対策前のリスク**を前提にしていると考えられます。

９）財務に関する事務に係る部局の識別

　財務に関する事務は予算、収入、支出、決算、契約、現金及び有価証券の出納と保管、財産管理等の業務に区分できます。これは、"財務に関する事務の流れ"の大枠と言い換えることもできます。

　この大枠の事務ごとに、各部局で事務フローチャートを作成するとか、既存の事務フローの図を参考にして、事務手続の流れをたどっていけば、

以下のように各部局がどの事務手続に係わっているかを知ることができます。

① 収　入

　収入の事務手続は、首長（実際は財政部局など）による歳入の内容の調査と収入する金額の決定（**調定**）、納入義務者への**納入の通知**、会計管理者への**調停の通知**、会計管理者による**収納**、首長による**調停の更正**の5つの流れ（事務フロー）に分解できます。

　この事務フローで、調停、納入の通知、調停の通知は財政部局等が、収納は会計管理者（実際は、会計管理者の事務を補助する会計部局）が、そして調停の更正は財政部局等が関係すると考えられます。このうち、"調停の更生"以外の事務フローを示したのが**図表３−６**です。

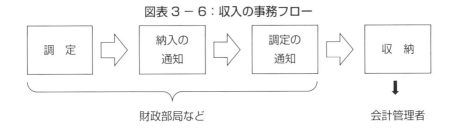

② 契　約

　地方自治体の契約には、以下の一般競争入札、指名競争入札、随意契約の3つがあります。

一般競争入札	公告によって不特定多数の者を誘引して入札により申込みをさせ、地方自治体にとって最も有利な条件をもって申込みをした者を選定して、契約を締結する方法

指名競争入札	資力、信用その他について適切と認める特定多数を通知によって指名し、その参加者に入札させ、契約の相手方となる者を決定して、契約を締結する方法
随意契約	競争の方法によらないで、任意に特定の者を選定してその者と契約を締結する方法

　一般競争入札の事務は、調達に関わる情報を公開する**入札の公示**、入札参加者が条件を満たしていることを審査する**入札資格審査**、入札価格の範囲を設定する**予定価格の設定**、条件を示して契約の締結の申込みを受ける**入札の実施**、最も有利な条件を提示した者とする**契約の締結**、の5つの流れ（事務フロー）に分解できます。

　この事務フローの中で、入札の公示、入札資格審査、予定価格の設定、入札の実施は管財部局等が、落札者との契約の締結は各部局が関係すると考えられます。これを示したのが**図表3－7**です。

図表3－7：契約の事務フロー

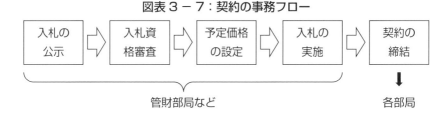

③　支　出

　支出の事務は、締結した契約に基づく発注、及び納品された物品や完成した建物の検収を行う**支出負担行為**、債権者への支払いを要請する**支出命令**、支払命令の法令及び予算への準拠と債務の確定の事実を審査する**支出承認**、債権者へ現金等を支払う**支出**の4つの流れ（事務フロー）に分解できます。

　この事務フローの中で、首長（実際は各部局）は支出負担行為と支出命

令に関係し、会計管理者（及び会計部局）は支出の承認と支出に関係すると考えられます。これを示したのが**図表３−８**です。

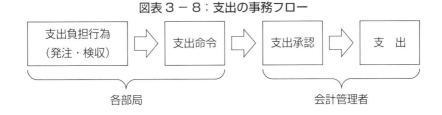

図表３−８：支出の事務フロー

③ その他の事務の流れ

その他の予算、決算、契約、現金及び有価証券の出納と保管、財産管理等の事務についても、同じように事務フローに分解すれば、どの部局がどの事務手続に関係しているのかが判明します。

図表３−９は、財務に関する事務、すなわち予算、収入、支出、決算、契約、現金および有価証券の出納と保管、財産管理等について、事務フローの概要を示したものです。

図表３−９：財務に関する事務の事務フロー

（事務）	（ 事　務　フ　ロ　ー ）
予算	編成方針→概算予算→予算要求→査定→予算案の確定→議会の承認
収入	調定→納入の通知→調停の通知→収納→調停の更正
支出	支出負担行為→支出命令→支出承認→支出
決算	出納の閉鎖→調整→監査委員の審査→議会の承認→住民への公表
契約	入札の公示→入札資格審査→予定価格の設定→入札の実施→契約の締結
現金等	出納→記録→保管→記録と現金等残高の照合
財産管理	取得→保管と管理→処分

（注）この事務フローは一般的に考えられる事務フローを示したものであり、すべての地方自治体に適用になる事務フローを示したものではありませんので、ご容赦下さい。

80   第3章　令和6年改訂ガイドラインの考察（現行実務への15の提言）

　なお、**図表3－6、3－7、3－8**の事務フローに示した事務手続を担う部局は、自治体によって異なります。各地方自治体においては、どの部局がどの事務手続を担うのかを確認する必要があります。

④　財務に関する事務に多く関与する部局

　図表3－6、3－7、3－8をもとに、財務に関する事務フローと関係している部局を、収入と契約、支出に焦点を当てて、マトリックスにしたのが**図表3－10**です。

図表3－10：事務フローに関係する部局

事務	事務フロー	会計管理者	財政部局	管財部局	A部局
予算	・・				
収入	調停		X		
	納入の通知		X		
	調停の通知		X		
	収納	X			
	調停の更正		X		
契約	入札の公示			X	
	入札資格審査			X	
	予定価格の設定			X	
	入札の実施			X	
	契約の締結				X
支出	支出負担行為				X
	支出命令				X
	支出承認	X			
	支出	X			
決算	・・・				
・・・	・・・				

（注）図表3－10においてxマークで示した箇所が、各事務フローに関係する部局を示しています。

図表３－10では、地域住民へ行政サービスを提供する部局としてＡ部局のみを取り上げていますが、行政サービスを提供する部局は複数に上ります（**図表５－６**参照）。

　図表３－10に見られるように、財務に関する事務に関与する割合は、住民へ行政サービスを提供する部局はそれほど多くはなく、むしろ会計部局、財政部局、管財部局等の管理部局が多いと考えられます。

　なお本件に関しては、「第５章　５－５　リスクに関係する部局の識別5）行政サービスの事務フローと財務に関する事務フローの関係」の項で詳細に分析します。

10）各部局が抱えるリスクの識別

①　各部局の事務手続に潜在する財務に係るリスク

　各部局は、関係する事務フローにおいて、業務の効率的・効果的な遂行、業務に係る法令等の遵守、財務報告等の信頼性の確保、資産の保全に係るリスクに係わっています。

　図表３－10に基づいて、Ａ部局が関与する契約の締結、支出負担行為と支出命令の事務手続に潜在する具体的なリスクをマトリクスにしたのが**図表３－11**です。なお、**図表３－11**のリスクの欄のリスクは、**図表２－３**で示したものです。

82　第３章　令和６年改訂ガイドラインの考察（現行実務への 15 の提言）

図表３－ 11：Ａ部局の契約・支出に係る事務手続に潜在するリスクの一覧表の例

（目的）	（リスク）	契約の締結	支出負担行為	支出命令
業務の効率的・効果的な遂行	進捗管理の未実施・・・			①
業務に係る法令等の遵守	競争入札の不実施・・・	②		
報告等の信頼性の確保	検収漏れ・・・		③	
資産の保全	二度払い・・・			④

（注）Ａ部局の契約の締結・支出負担行為・支出命令の事務フローに①〜④のリスクが潜在していることを示しています。

② リスク評価シートの記載

図表３－ 12 は、図表３－ 11 に示されたＡ部局の契約の締結、支出負担行為と支出命令の事務フローに潜在する①〜④のリスクの具体的な内容とリスク対応策をリスク記載シートに記載する際の例を示しています。

図表３－ 12：リスク記載シートへの記載例

	（リスクの内容）	・・	（リスク対応策）
①	支払期限が到来したのに、支出命令を出すのを失念する		支出負担行為を支出期日順に並べ替え、それに基づいて支出命令を出す
②	一般競争入札が必要な案件なのに、随意契約を締結する		随意契約については、上司の承認印を受けることを義務付ける
③	納品された物品の検収を失念し、数量不足を発見できなかった		発注担当者と検収担当者を分離し、検収担当者は、検収後に納品書に検収印を押す
④	同じ物品の購入に対して、二度支出命令を出す		支出命令を出した請求書に「済」印を押し、請求書の二重使用を回避する

3-5　内部統制の評価

11）リスク対応策と統制活動の区分

①　ガイドラインの内容

　導入・実施ガイドライン「Ⅰ　地方公共団体における内部統制の基本的枠組み　1　⑵　内部統制の6つの基本的要素　②　リスクの評価と対応」では、「リスクへの対応にあたっては、評価されたリスクについて、その回避、低減、移転または受容等、適切な対応を選択する」としています。

　また、同ガイドライン「Ⅲ　内部統制体制の整備　2　⑵　リスク対応策の整備」では、「各部局は、各リスクに対し、どのように対応策を整備するのか検討し、リスク評価シートに記載する」としています。

　後者の「⑵　リスク対応策の整備」でいう**リスクに対する対応策**が、リスクの回避、低減、移転、受容のいずれかを選択することを意味しているのか否か、それともリスクを低減するために設計・導入する統制活動の内容を指しているのかが、明確ではありません。

②　リスク評価シートの内容

　他方「（別紙2）リスク評価シート例」のリスク対応策整備作業（各部局）のリスク対応策の欄に記載されている内容は、長の命令及び指示が適切に実行されることを確保するために定める方針及び手続である統制活動に該当します。

③　評価シートの様式の改訂

　現状では、「（別紙2）リスク評価シート例」のリスク対応策整備作業（各部局）のリスク対応策の欄の記入に戸惑いを覚える職員が、少なからず存在すると想定されます。

これを解消するために、導入・実施ガイドラインの各所で使用されている"リスク対応策"の用語の意味を明確にすることが望まれます。

12）全庁的な内部統制と業務レベルの内部統制の関係

　導入・実施ガイドラインは、全庁的な内部統制と業務レベルの内部統制は、別々に評価し、それぞれの有効性をするとしています。

①　相互作用

　導入・実施ガイドラインでも言及しているように、内部統制には全庁的なレベルで整備する内部統制と業務レベルで整備する内部統制があります。

　内部統制の6つの各構成要素は、全庁的なレベルの内部統制と業務レベルの内部統制の両方に含まれているわけですが、統制環境やリスク評価、ICTへの対応では全庁的なレベルの内部統制の比率が高く、統制活動や情報と伝達、モニタリングでは業務レベルの比率が高いと言われています。

　すでに取り上げたように、全庁的なレベルの内部統制と業務レベルの内部統制は、互いに独立しているわけではなく、お互いが補完する関係にあります。

　本来、内部統制はリスクを低減するために整備するものですから、内部統制の有効性を評価する際は、リスクに対する内部統制が適切か否か、言い換えれば、全庁的な内部統制と業務レベルの内部統制が一体となってリスクを十分に適切レベルまで低減しているか否かを、評価するのが適切です。

　そこで、内部統制の有効性を評価する際は、まず全庁的な内部統制の有効性と効果の及ぶ範囲を評価し、それではリスクの発生可能性と発生した場合の影響を十分に適切なレベルまで低減するのに不足していると判断される場合は、そのリスクに対する業務レベルの内部統制を評価し、合わせ

てリスクを十分に適切なレベルまで低減しているか否かを評価するというアプローチが、効率的で効果的であると言えます。

② 階層的評価

したがって、既存の内部統制が重要なリスクの発生を予防し、あるいは発生を早期に発見するのに十分に機能しているか否かを評価する際は、様々なレベルの内部統制を考慮しなければなりません。

その対象になるのは、統制環境やICTへの対応を始めとする全庁的な観点で整備される内部統制、各業務に組み込まれている予防的統制と発見的統制、モニタリング活動、情報と伝達の仕組み、などです。

これらの統制は、組織において階層的に設計され、導入されています。この様子を示したのが図表３－13です。

図表３－13：内部統制の階層

③ 全庁的な内部統制を踏台とした対応策

したがって、業務レベルのリスクに対する内部統制の有効性を評価して、不備な部分に対応策を整備するときは、全庁的な内部統制の内容と有効性も考慮し、過大な業務レベルの内部統制にならないように留意しなければならなりません。

13）運用上の不備の判定

① 適用状況の確認は不可欠

　繰り返しになりますが、地方自治体の内部統制制度では、評価作業が過大な負担にならないように、事務処理結果の中からサンプルを取って、規定されている方針及び手続が意図したように適用されているか否かを確認する作業は求められていません。

　しかしながら、導入・実施ガイドラインは"規定されている方針及び手続が適切に適用されていない"場合は、整備上の不備に該当するとしています。したがって、各部局では、規定されている方針及び手続が適切に適用されているか、否かを、何らかの方法で確認しなければなりません。

　すなわち、「規定されている方針及び手続が適切に適用されていない」ケースを整備上の不備に区分するにしても、その適用状況を確認する作業を省くことはできません。

② 適用状況の確認の手段

　方針及び手続の適用状況を確認する手段は、事務処理結果の中からサンプルを取って、適用状況を確認するサンプル・チェックに限られるものではありません。地方自治体の内部統制制度において、サンプル・チェックよりも作業負担が軽い他の方法で方針と手続の適用状況を確認できるのであれば、それで十分なのです。

　その確認の方法としては、例えば、以下のようなものが考えられます。

- 関係者に、規定されている方針及び手続が適切に適用されていなかった事実を見た、あるいは聞いた経験があるかを確認する
- 関係者に、規定されている方針及び手続が適切に適用されていなかったために、結果として不適切な事項を発生させた事実があるかを確認する
- 統制活動の実施結果を記録した書面が残されていれば、その書面を

レビューして統制活動の実施（適用）状況を確認する

ちなみに、上場会社における内部統制報告制度においてサンプル・チェックを採用しているのは、サンプル・チェックが最も効率よく、かつ効果的に方針と手続の適用状況を確認できるからに他なりません。

またサンプル・チェックは、財務諸表監査において内部統制の有効性を確認する手段として従来から活用されてきたものであるために、内部統制報告制度での確認作業との親和性が高かったのは間違いありません。そのために、サンプル・チェックが採用されたと考えられます。

③ 結果として不適切な事項を発生させたケース

導入・実施ガイドラインは、「規定されている方針及び手続きが適切に適用されていない」ケースを整備上の不備に区分していますが、サンプル・チェック以外の方法で、方針と手続が適切に適用されていないケースが確認されるのであれば、それを整備上の不備とするのを止めて、運用上の不備として取り扱うことは可能です。

また、「整備段階で意図したように内部統制の効果が得られておらず、結果として不適切な事項を発生させた」ケースを運用上の不備としていますが、**結果として不適切な事項を発生させたケース**は、整備上の不備、あるいは運用上の不備の存在を示唆するものにすぎません。

言い換えれば、そのケースは、不適切な事項の内容を吟味し、それが整備上の不備に端を発するものなのか、それとも運用上の不備によるものなのかを検討する出発点となるものです。

また、「整備段階で意図した内部統制の効果が得られていない」というのは、整備段階で意図した効果が得られるように内部統制が整備（設計・導入）されていないことと、意図したような効果が出るように運用（適用）されていないということの両方が含まれていると推測されます。

この点からも、「整備段階で意図したように内部統制の効果が得られておらず、結果として不適切な事項を発生させた」ケースでは、それが整備

上の不備によるものなのか、それとも運用上の不備によるものなのかを詳細に検討し、しかるべき措置を講じる出発点とするべきものである、と考えることができます。

14）運用上の重大な不備の判定

① 運用とは何か？

導入・実施ガイドラインは、「整備上の重大な不備により、不適切な事項が実際に発生し、結果的に大きな経済的・社会的不利益を生じさせた場合は、運用上の**重大な不備**に該当する」としています。

しかしながら、整備上の不備は、内部統制が存在しない、あるいは存在はするが、内部統制の目的を果たすように方針と手続が設計・導入されていないことを指します。

そして運用とは、規定されている方針と手続を実際に適用することであり、適切に整備されている内部統制を、整備段階で意図したように適用していないのが運用上の不備、もしくは運用上の重大な不備になります。

そして、前項の"13）運用上の不備の判定"で取り上げたように、サンプル・チェックを採用しなくとも、方針と手続の適用状況を確認することは可能です。

すなわち、整備上の重大な不備を運用上の重大な不備として取り扱うことは、少々強引な差し替えであり、無理があると考えられます。

② 「結果的に不利益が生じた」ことの意味

導入・実施ガイドラインは「不適切な事項が実際に発生したことにより、結果的に大きな経済的・社会的不利益を生じさせたもの」を運用上の重大な不備としています。

しかし、前項「13）運用上の不備の判定」の繰り返しになりますが、結果として大きな経済的・社会的不利益を生じさせたケースは、整備上の重大な不備、もしくは運用上の重大な不備の存在を示唆するものにすぎませ

ん。したがって、大きな経済的・社会的不利益を生じさせたケースは、不利益の発生原因を吟味し、それが整備上の重大な不備に該当するのか、運用上の重大な不備に該当するのかを詳細に検討する出発点となるものである、と考えることができます。

③ 「結果的に不利益が生じた」ことの記述

　内部統制が存在しない、存在はするが内部統制の目的を果たすように方針と手続が設計導入されていない、あるいは方針と手続が適切に適用されていない、そのために不適切な事項が発生し、結果的に大きな経済的・社会的不利益が生じた場合、その原因を住民が知ることには大きなメリットがあります。

　これを住民に知らせる方法としては「注意書き」として内部統制評価報告書に記載することが考えられます。

15）重大な不備がない場合での公表

① ガイドラインのスタンス

　導入・実施ガイドラインは、重大な不備があれば、その内容と是正に関する事項を内部統制評価報告書に記載するとしています。これは、重要な不備がなければ、あるいは重大な不備があるのに評価作業において見逃した場合は、内部統制評価報告書には「内部統制は有効である」という内容の報告しか記載されないことになります。

　これでは、地方自治体の財務に関する事務の管理及び執行が法令に適合し、かつ、適正に行われることを確保するための内部統制が適切であるか否かを地域住民が監視する手段はごくごく限られてしまいます。

② 事務フローについて自らの公表

　地方自治体の内部統制の適切性を住民が監視する手段を提供するために、地方自治法第150条第1項の要求にはなくとも、自ら、地方自治体の

各部局の事務ごとに、主な事務フローを公表することは望ましいことと考えられます。

　各部局の事務の事務フロー公表されれば、地域住民が事務フローの効率性や効果性について検討する機会が増えます。

　さらに、住民が各部局の事務フローを理解し、どの部局がどのような事務手続を実施しているのかを理解し監視できるようになれば、各部局の行政サービスに対する地域住民の要求を各部局間で"たらい回し"にするような事態を抑制することにも繋がる、と考えられます。

第4章
担当者の知識・スキルアップ
への提言

4-1 誰に担当させるか？

　首長は、内部統制を整備し、その有効性を評価する責任を有していますが、実際に作業をするわけではありません。

　内部統制の整備体制で取り上げたように、首長は内部統制推進部局や内部統制評価部局を設置し、担当者を任命し、その者に作業を命じます。しかし、この担当者は誰でも良いというわけではありません。

　やはり、組織のリスクと内部統制に精通した者でなければなりません。

4-2　内部統制推進部局と評価部局

1) 機　能

　内部統制推進部局は内部統制を整備し、内部統制評価部局は有効性を評価します。同時に、両部局とも、組織にとってのリスクを十分に適切なレベルまで低減していない事実を発見したら、それらの改善提案をします。

　すなわち内部統制推進部局と評価部局は、その業務内容が重複する可能性が在る点はさておき、内部統制の有効性を評価するとともに、リスクを十分に適切なレベルまで低減する内部統制を整備することを支援する機能を備えているものでなければなりません。

2) 役割のゴール

　繰り返しになりますが、地方自治体の内部統制制度の目的は、事務手続に組み込まれた内部統制が組織目的の達成を阻害する要因（リスク）を十分に適切なレベルまで低減しているか否かを調査して、そうでない場合は改善策を出し、その導入を支援することです。

　提案した改善策が日常業務に導入され、それが運用されて初めて内部統制が完成するわけですから、導入した内部統制の運用状況をフォローアップするところまでが内部統制推進部局と評価部局の役割になります。

　もし一定期間（各部局の責任者が改善策の導入を約束した期日）が過ぎても改善策が事務手続に反映されていない場合は、その原因を調査します。最初の改善策が当該部局の事務内容にそぐわないなどの理由で導入されないのであれば、現場の事務に即した案を再設計して導入を提案します。

図表４－１：内部統制推進部局等の機能と役割のゴール

内部統制の整備を 支援する		運用状況をフォロー アップする

4-3 内部統制の特徴

1）ゼロにはできないが、少なくはできる

　地方自治体の事務手続は、法令に適合し、適正に行われなければなりません。「適正に行う」ことには、最小の経費で最大の効果を挙げるように、適時に、正確に事務を執行することも含まれると考えられます。

　それには、財務に関する事務等の管理及び執行が法令に適合し、かつ、適正に行われることを確保するための方針（内部統制に関する方針）を定め、これに基づき必要な体制、すなわち内部統制を整備しなければなりません。そうでなければ組織目的を達成できなくなり、地方自治体は存在意義さえ問われかねません。

　しかし、組織の活動は人間がやるものであり、間違いや脱漏はつきものです。内部統制をいかに整備しても、組織の事務手続の執行と管理に間違いや脱漏が起こるのを完全に防ぐことはできません。

　それでも、間違いや脱漏の発生する確率を抑え、発生した場合の影響を小さくすることは可能です。

2）工場の品質管理との共通点

　図表4－2は、内部統制の有効性評価は、個々の事務処理の結果の適否を検証するものではなく、事務手続が業務の有効性と効率性、法令等の遵守、正確な報告、資産の保全に係るリスクを継続的に十分に適切なレベルまで低減していることを確認するものであることのイメージ図です。

　そしてこのような考え方は、工場の生産現場では昔から取り入れられており、不良品の発生を抑える品質管理の一環として実践されてきたものです。

　すなわち内部統制の有効性評価は、何か問題が起きているか否かを調査

するものではなく、事務手続の責任者に対して、問題が発生しない事務手続の整備に向けたアドバイスを行うものなのです。

内部統制の有効性評価において、既に起きた問題の原因を調査することはありますが、それは再発を予防するための統制活動を設計するための情報収集が目的です。

図表4－2：内部統制の有効性評価のイメージ

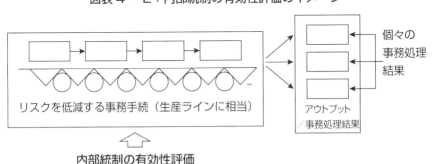

3）全職員への周知徹底

内部統制の有効性評価は、事務手続の責任者に対して、問題が発生しない事務手続の整備に向けたアドバイスを行うものであることを、職員全員が理解し、納得すれば、内部統制の整備を効率的に、かつ効果的に推進する事ができるようになります。

単に、内部統制推進部局や評価部局のスタッフだけでなく、全職員に対して、内部統制の有効性評価の目的を研修等で周知徹底する必要があります。

4-4　有効性評価に必要な要素

　繰り返しになりますが、内部統制の有効性評価は、内部統制がリスクを十分に適切なレベルまで低減しているかどうかを確認し、内部統制に不備や重大な不備がある場合は、その事務手続の責任者に対して改善提案を行うものです。

　したがって、内部統制推進部局や内部統制評価部局の担当者（スタッフ）は、事務手続に潜在する重要なリスクを評価し、内部統制の不備を改善する手法を習得しなければなりません。その要素は人材、知識、メソドロジー、テクノロジーの4つに分けられます。

図表4－3：有効性評価に必要な要素

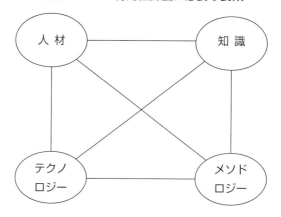

1) 人　材

　内部統制推進部局や評価部局のスタッフは、各部局が業務を効率的、効果的に運営するのを支援する役割があるので、内部統制に関する知識の他にコンサルティングの知識と技術が必要になります。

　コンサルタントは本質論や自分の意見をいう前に、各部局の悩みや問題

点を聞き出して、その解決策を提示する姿勢が大切です。

その一例として、内部統制推進部局や評価部局のスタッフを一定のローテーションで異動させ、多くの部局でキャリア形成ができる体制を整備することが重要です。

逆に内部統制推進部局や評価部局では、リスク管理に必要な知識と技術を習得し、コンサルティングの経験を積むことができます。社内の様々な事務手続とリスクと統制活動についての知識を持った内部統制推進部局や評価部局のスタッフはリスク・マネジメントの訓練を受けているので、有望な組織管理者の候補者になることもできます。

2）知 識

内部統制推進部局や評価部局のスタッフは、所属する地方自治体の事務手続に潜在するリスクの種類と重要性を分析する知識、そのリスクが関係する事務手続、そしてリスクを低減する統制活動についての知識が必要です。

リスクを低減する統制活動については世界中のベスト・プラクティスを知っておく必要があります。

内部統制の有効性評価を効果的に効率良く実施するには、内部統制推進部局や評価部局のスタッフがお互いに評価に必要な知識を共有し、共通言語を理解することも大切です。

内部統制推進部局や評価部局のスタッフは組織横断的に、多くの事務手続と所属する地方自治体を取り巻くリスクに接しています。内部統制の有効性評価で得た知識を自分ひとりのノウハウとして囲い込むのではなく、スタッフ間で共有するのみならず、組織内のすべての部局へそれを伝播・普及していくための仕組みを作ることも必要です。

3）メソドロジー

地方自治体全体のリスク低減に役立つ内部統制の有効性評価を行うに

は、重要性の高いリスクと関連する事務手続に時間と資金を集中的に投下しなければなりません。

リスク評価、リスクに関連する事務手続との紐づけ、内部統制の有効性評価、改善提案などを効率的に行うメソドロジーが必要になります。

しかし、リスク評価や内部統制の整備に1つの決まったやり方があるわけではないので、各自治体に最適なメソドロジーを選定し、導入する必要があります。

4) テクノロジー

有効性評価の効率と効果を高め各部局への支援サービスの質を向上させるには、情報テクノロジーを利用した有効性評価に関連したツールの利用が有効です。

関連ツールは、データの抽出や分析を目的としたもの、不正発見を目的としたもの、ネットワークのセキュリティ評価を目的としたもの、作業調書の作成を容易にすることを目的としたもの、内部統制の評価を目的としたもの、継続的なモニタリングを目的としたものなどがあり、欧米の多くの地方自治体の内部監査部門で利用されています。

これらのテクノロジー利用のカギとなるのが利用のインフラです。例えば、情報処理プロセス自体の設計が悪ければテクノロジーは充分に利用できませんし、十分な訓練を受けていないスタッフでは最新鋭のテクノロジーも宝の持ち腐れになってしまいます。

前述した、人材、知識、プロセスと一体となってはじめてテクノロジーはその能力を発揮することができるのです。

4-5 専門部署の新設とアウト・ソーシング

1) 専門部署の新設か、アウト・ソーシングか？

　導入・実施ガイドラインは、内部統制の整備を支援する内部統制推進部局、内部統制の有効性評価を独立的に行う内部統制評価部局を、新たに設置することを提案しています。これらの部局の規模は、各自治体の規模や取巻く環境、リスクの種類やリスクの大きさ、などを勘案して決定します。

　前述した、人材、知識、メソドロジー、テクノロジーを統合することで、最先端の内部統制の有効性評価の体制を整えることができます。

　もしこれらの人材、知識、メソドロジー、テクノロジーを組織内で整備するにはコスト負担が大きく、あるいは時間がかかりすぎる場合は、このような体制を整えた内部統制推進部局や評価部局を複数の地方自治体が共同で運用したり、外部専門家のサービスを利用したりするのも一方です。

　自社で技術を開発する時間とコストを節約するために、技術を持っている会社を買収するように、内部統制の有効性評価でも質の高いサービスを外部から購入（アウト・ソーシング）することができます。

2) アウト・ソーシングのメリット V/S デメリット

　内部統制の有効性評価のアウト・ソーシング・サービスは、ビッグ4と呼ばれる国際的会計事務所をはじめとした会社が提供しています。

　アウト・ソーシングのメリットには次のものがあります。

- 高度な最新の監査技術やツール、リスク・マネジメントの知識、経験を持つ人材を調達できる
- 国際的会計事務所のスタッフは世界的に統一された教育研修を受け

ているので、国際的に通用する均一的なサービスの提供を受けられる

- 必要な時に、必要な技術と知識及び経験を持つ人材を、必要なだけ利用できるので、コスト・パフォーマンスが高い
- 内部統制とリスク評価に関するベスト・プラクティスなど、国際的会計事務所が持つ世界中のナレッジ・データベースを利用することができる

他方デメリットとしては、組織外の人間であるために、地方自治体の組織文化に不案内であったり、事務の特性の理解に時間が掛かったりすることがあります。

3) アウト・ソーシングの種類

アウト・ソーシングの形態と利用状況は様々ですが、大体、次のように分類できます。

① 部分的アウト・ソーシング

これは、ある特定の組織や事務手続に関する内部統制の有効性評価を外部に委託するものです。

部分的アウト・ソーシングは内部統制推進部局や評価部局のスタッフの員数と専門性を補うために、情報システムや法令等の遵守、情報漏洩などの特定の事務手続に係るリスクに対する内部統制の有効性評価のために、広く利用されています。

② チーミング

これは、内部統制の有効性評価の初期段階から外部の専門家が参加するもので、外部の専門家はあたかも内部統制推進部局や評価部局の一員のように行動します。

内部統制の整備や有効性評価、内部統制評価報告書の作成も、内部統制

推進部局や評価部局のスタッフと外部の専門家がチームを組んで行います。

　チーミングのメリットは、内部統制推進部局や内部統制評価部局のスタッフが外部専門家の持つ最新の内部統制の有効性評価の技術と知識、経験に直に接することができ、そのノウハウを習得することができることです。

第5章

地方自治体の
内部統制制度の拡大展開
（将来の実務への提言）

5-1 制度の将来の拡大

1）内部統制制度における内部統制の範囲

　繰り返しになりますが、導入・実施ガイドラインは「地方自治体における内部統制とは、住民の福祉の増進を図ることを基本とする組織目的…の達成を阻害する事務上の要因をリスクとして識別及び評価し、対策を講じることで、事務の適正な執行を確保することである」としています。

　本来、地方自治体は、組織目的を阻害するすべての要因をリスクとして識別し、それに対する内部統制の有効性を評価しなければならないのですが、それには一定の労力を要します。

　そこでまず、2020年度3月年度から、財務に関する事務等のリスクを対象に、それに係る内部統制の有効性を評価し、公表する制度を導入しました（**図表1－3**参照）。

2）内部統制対象事務の拡大

① 拡大の範囲

　この経緯から、内部統制対象事務は、将来、さらに拡大されることが予定されています。

　その範囲は、住民の福祉の増進を図ることを基本とする地方自治体の組織目的の達成を阻害するすべての事務上の要因（リスク）をカバーするまで拡大すると予想されます。

② 拡大の必然性

　なぜなら、住民の福祉の増進を図るために生活に必要な行政サービスを地域住民へ提供するという視点にたてば、「財務に関する事務に係るリスク」よりは、住民の福祉の増進を図るという目的の達成を阻害する「行政

サービスに関する事務に係るリスク」に対する内部統制の方がはるかに重要だからです。

ちなみに、上場会社等は適正な財務報告に関わる内部統制の有効性を評価し、報告することが求められていますが、会社にとっては、適正な財務報告以上に、業績を上げることの方が重要なのは、言うまでもありません。

なぜなら、極端な話ですが、仮に適正な財務報告が行われなくと、投資者や金融機関からの資金調達に多少のダメージはあるかも知れませんが、会社が存亡の危機に立たされることはめったにありません。しかしながら、会社の業績を上げられなければ販売収入は減少し、投資者や金融機関からの資金調達は困難になり、そして事業から得られる資金が枯渇すれば、会社は存続できなくなるからです。

それと同じように、地方自治体が住民の納得する行政サービスを提供できなければ、住民が税金の徴収に拒否反応を示すようになり、地方自治体の財政は破綻しかねません。財政が破綻した地方自治体は、国の監督下で財政再生に取り組むこととなります。しかしそれでは、地域住民に身近な事務を住民の意思に即して実施する住民自治が困難になってしまうおそれがあります。

したがって、住民の福祉の増進を図るためには、地方自治体のすべての事務が法令に適合し、適正に行われることが重要であり、そのための内部統制の整備が必要なのです。

3) 地方自治体の行政サービスとリスクの全貌

① 行政サービスに潜在するリスク

住民の福祉の増進を図るという組織目的の達成を阻害する要因であるリスクには、どのようなものがあるのでしょうか？

繰り返しになりますが、地方自治体の目的は住民の福祉の増進を図ることであり、生活に必要な行政サービスを地域住民へ提供することです。地

方自治体の行政サービスは、都道府県が行う広域的行政サービスと、市町村が行う基礎的行政サービスに区分でき、多岐にわたります（**図表３－２参照**）。

これらの行政サービスは、各部局によって提供されます。例えば、基礎的行政サービスの戸籍・住民登録や証明書の発行は**市民生活部**、上下水道の維持管理や水質管理は**上下水道部**、街づくりは**都市整備部**、公共施設の運営管理は**建設部**、などの部局が担当します。

これらの部局の目的の達成を阻害する事務上の要因が地方自治体のリスクになります。したがって地方自治体は、これらの行政サービスの提供に係る事務手続に潜在するリスクを識別及び評価し、内部統制を整備して、事務の適正な執行を確保しなければならないのです。

② 各部局が対峙するリスク

憲法第94条は、「地方公共団体は、その財産を管理し、事務を処理し、行政を執行する権能を有し、…」と定めています。その内容を一覧にすると、以下のようになります。

財産の管理	一切の財産の取得、管理・利用、処分を行うこと
事務の処理	公権力の行使の性質を持たない一切の事務を処理すること
行政の執行	公権力の行使の性質を有する事務を処理すること

各部局は、住民へ提供する行政サービスに関して、財産の管理、事務の処理、行政の執行の場面において、住民の福祉の増進という組織目的の達成を阻害する事務上の要因、すなわちリスクと向き合っているのです（意識している人は、それほど多くはないと思いますが…）。

このことは、各部局が提供する行政サービスの内容によって、①業務の効率的かつ効果的な遂行、②報告の信頼性の確保、③業務に係る法令等の遵守、④資産の保全のリスクが異なることを意味しています。したがって、各部局が内部統制の有効性を評価するには、各部局の事務手続に潜在

する、4つの目的を達成できないリスクを識別しなければなりません。

　また、地方自治体のリスクは、地方自治体の規模や置かれた政治・経済・社会・技術環境によって異なるので、他の地方自治体が識別しているリスクを真似てリスクの有無を確認するのではなく、自分の自治体にとってのリスクを識別する必要があります。

4) リスク・アプローチによる内部統制評価への移行

① 業務アプローチとリスク・アプローチ

　「第3章　1－1　制度のフレーム　3）業務アプローチの内部統制評価」で取り上げたように、令和6年改訂の導入・実施ガイドラインは、まず先に各部局の事務手続があり、その中にどのようなリスクが潜在しているかを識別し、それに対する既存の内部統制が適切であるか否かを評価するアプローチ、すなわち業務アプローチを採っています。

　これに対して、最初にリスクを選定し、そのリスクに対して各部局が整備している内部統制が適切か否かを評価し、適切であると考えられる内部統制、特に統制活動を、同じリスクを抱える他の部局にも広げていくアプローチがリスク・アプローチです。

　繰り返しになりますが、業務アプローチとリスク・アプローチは、対立関係にあるものではなく、縦と横の関係にあります（**図表3－3**参照）。

② リスク・アプローチへの移行

　導入・実施ガイドラインに基づいた内部統制の有効性評価が一段落した後は、例えば法律の新設や社会環境の変化、あるいは法律や行政手続の変更等に伴って新しく出現したリスクに対する各部局の事務手続に組み込まれた内部統制が適切か否かを確認するためには、効率的に作業目的を達成できるリスク・アプローチを採用するのが合理的であると考えられます。

5-2 リスクの種類と内部統制の例

1）導入・実施ガイドラインのリスク

　導入・実施ガイドラインは、リスクを"住民の福祉の増進を図ることを基本とする組織（地方自治体のこと）目的の達成を阻害する事務上の要因"としています。

　地方自治体においては業務が多岐にわたり、かつ地域の特性や関係省庁の政策・法環境の変化への適応などの地方自治体固有の事情もあり、地方自治体の行政サービスに関わるリスクを統一的に示すことは困難です。

　そのため、上記ガイドラインは、「（別紙3）財務に関する事務についてのリスク例」を公表するにとどめ、組織目的の達成を阻害する事務上の要因、すなわち「地方自治体が抱えるリスク」の全体像を具体的には、示していません。

2）地方自治体のリスクの種類の検討

　そこで本書では、地方自治体の各部局が地域住民へ提供する行政サービスに係る事務手続に潜在するリスクを識別するのに資するように、①業務の効率的かつ効果的な遂行、②報告の信頼性の確保、③業務に係る法令等の遵守、④資産の保全、に係るリスクを、さらに詳細に分類します。

　例えば、地方自治体の財務に関する事務以外の事務手続には、**図表5－1**の"リスクの種類"として取り上げた①〜⑩のリスクが潜在すると考えられます。これらのリスクは、それぞれが完全に独立しているわけではなく、相互に関係するものがあります。

　例えば、③業務の正確性に関するリスクが発生すると、①業務の有効性および②業務の効率性も失われることになります。⑥の不正行為は、⑤法令等の遵守に違反する可能性もあります。

また、⑤の法令等の遵守には違反しないが、道徳的見地から、あるいは人権の保護の観点から好ましくないリスクもあります。このリスクは⑦倫理観の保持に係るリスクに該当します。

図表５－１：地方自治体の事務手続に潜在するリスクの分類

（目的）	（リスクの種類）	（阻害内容）
業務の効率的・効果的な遂行	①業務の有効性	決められたコストで成果を最大にできない
	②業務の効率性	目指す成果を出すために要するコストを最小限にできない
	③業務の正確性	間違い、脱漏の発生など
報告の信頼性の確保	④正確な報告	法律や社内規則に基づく社内外への報告の正確性を確保できない
業務に係る法令等の遵守	⑤法令等の遵守	法令に違反する、組織の経営理念にそぐわない、または組織のルールを逸脱する行為
	⑥不正行為	利益を得るために嘘を真実と思わせ、悪いことを良いことと思わせる行為
	⑦倫理観の保持	一般に認められる倫理的な価値観を無視した行為、社会の常識や良識に反する行為
資産の保全	⑧財産の保全	物品などの物的資産の消失
	⑨情報資産の保全	個人情報、入札情報などの漏えい
	⑩損失の危険	予期せぬ原因による資産の滅失、債務の発生など

（財務報告に関するリスクは、すでに財務に関する事務として内部統制対象事務に含まれているので図表５－１には含めていませんが、以下では、必要に応じて、予算、収入、支出、契約、現金・有価証券の出納と保管、財産管理等の事務に係るリスクの一部も取上げています。）

以下に、**図表５－１**のリスクの内容と、リスクが実現した具体例を見ていきます

① 業務の有効性に係るリスク

業務の有効性に係るリスクは、決められたコストで成果を最大にすることができない可能性です。成果には、地域住民に対する行政サービスのみ

ならず、庁内の規則や規定の周知、職員の教育、自治体の魅力の宣伝、なども含まれます。

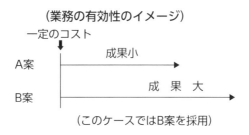

業務の有効性に係るリスクが実現した例としては、以下のようなものがあります。

- 説明が不適切で、行政サービスに対して住民からクレームを受ける
- 引き継ぎが不十分で、後任者が効果的に行政サービスを提供できない
- 職場環境が劣悪な為に職員の退職が後を絶たない
- 職員の健康・安全管理が不十分なために労働災害が多発する
- 管理職のリーダーシップが脆弱で、職員が新しいものにチャレンジする動機づけが働かない

② 業務の効率性に係るリスク

業務の効率性に係るリスクは、目指す成果を出すために要するコストを最小限にすることができない可能性です。コストには、物品やサービスの消費の他に、時間、資源、エネルギーなどの消費も含まれます。

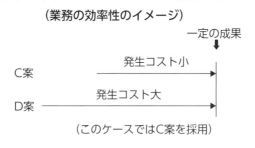

業務の効率性に係るリスクが実現した例としては、以下のようなものがあります。

- 事務に不慣れな職員が担当者で、行政サービスのやり直しが度々発生する
- 教育・研修体制が不十分で、職員の事務に必要な知識・経験が不足している
- 業績評価と昇進・昇給・給与の体系が結びついていないので、職員が"やる気"を失っている
- 管理職が適時に判断を下し適切な指示を出さないために、職員が不効率で無駄な仕事をしている

③ 業務の正確性に係るリスク

業務の正確性に係るリスクは、不正行為ではないが、事務に間違いや脱漏などが発生し、組織にとっては好ましくない結果が発生する可能性です。

業務の正確性に係るリスクが実現した例としては、以下のようなものがあります。

- 提供した行政サービスに間違いや脱漏があり、住民からクレームを受ける
- 職務上の怠慢があり、期日までに事務が終了しない

事務手続に間違いや脱漏などがあると、期待した成果が上がらなかったり、コストが余計にかかったりします。その意味では、業務の正確性に係るリスクは①業務の有効性と②業務の効率性に係るリスクにも関係します。

④ 正確な報告に係るリスク

組織には、組織内部及び外部に対する様々な報告があります。財務に関する事務の一部である"決算"もその1つです。

112　第5章　地方自治体の内部統制制度の拡大展開（将来の実務への提言）

　正確な報告に係るリスクは、地方自治体が内外に報告する情報のすべてに関係しています。その中には、法律や規則で求められている監督官庁への各種報告、マスメディアへのプレスリリースなども含まれます。したがって、正確な報告に係るリスクの中には、⑥法令等の遵守に係るリスクに関係するものもあります。

　監督官庁への各種報告やプレスリリースが適正に行われない原因、あるいは間違った報告が発生する原因については、様々なものがあります。一般論としては、適切な報告のために必要な情報が組織の内部及び外部から適時に報告のプロセスへインプットされず、あるいは、それを適時に記録し、編集するプロセスが欠けているため、情報が適切に生成されなくなると考えられます。

　正確な報告に係るリスクが実現した例としては、以下のようなものがあります。

- 組織内部で使用する情報が不適切なために、誤った意思決定をする
- 行政サービスの提供に必要な情報が、必要なときに手に入らず、行動が起こせない
- 期限までに監督機関への報告ができない
- 組織の資産もしくは債務を網羅的に記録する情報が不足し、資産もしくは負債を正確に把握できなくなる

⑤　法令等の遵守に係るリスク

　地方自治法第2条第16項は「地方公共団体は、法令に違反してその事務を処理してはならない。市町村及び特別区は、当該都道府県の条例に違反してその事務を処理してはならない」としています。

　地方自治体の活動には、この地方自治法の基本原則に加え、**図表5－2**の法の一般原則及び行政法の一般原則が適用されます。したがって、地方自治体の職員は、これらの原則を遵守して活動しなければなりません。

図表 5 － 2：地方自治体の職員が遵守すべき一般原則

（原則）	（内　　容）
信義誠実の原則	権利の行使及び義務の履行は、信義に従い誠実に行わなければならない
権利濫用禁止の原則	外観上は正当な権利行使に見えるものでも、それが社会的に許容される範囲を逸脱している場合は、権利行使を認めない
平等原則	合理的な理由がなければ、住民を不平等に扱ってはならない
比例原則	地方自治体の活動に際して用いられる手段は、活動の目的に対して必要かつ合理的であり、バランスの取れたものでなければならない
透明性の原則	地方自治体の意思決定の内容と決定過程は、住民に対して明らかにしなければならない
説明責任の原則	地方自治体は、諸活動の執行内容を住民に説明しなければならない

　法令等の遵守は、組織の職員が法令及び条例、法及び行政法の一般原則を遵守すること、すなわち法令等によって禁止されていることをやらないこと、法令等によって義務付けられていることを実施すること、によって構成されます。

　したがって、法令の遵守に係るリスクは、法令等で禁止されていることを行う、法令で義務付けられていることを実施しない、ことに係るリスクということになります。

　法令等の遵守に係るリスクが実現した例としては、以下のようなものがあります。

- 職員が権利を濫用した行為をしたために、自治体が賠償金を請求される、あるいは自治体に対する住民の信用を失う
- 住民を公平に扱わないという噂が立ち、自治体に対する住民の信頼を失う
- 職員がした意思決定の過程が不透明であるというクレームを受け、

自治体に対する住民の信頼を失う

⑥ 不正行為に係るリスク

不正行為とは、自己の利益を得るために、他人に嘘を真実と思わせ、悪いことを良いことと思わせる行為です。得る利益は、お金に限らず、物、情報、自己の印象などを含みます。

不正行為は、法令等の遵守に違反する行為はもちろん、実施する時点では法令等の遵守に違反する行為には該当しないが、実施後は刑法の詐欺罪に該当するものも含まれます。

結果的には詐欺罪に問われない行為でも、自己の利益を得るために、嘘を真実と思わせ、悪いことを良いことと思わせる行為は、不正行為に該当します。不正行為には、服務規程に違反する行為も含まれます。

主な不正行為には、以下のものがあります。

- 法令違反の行為（法令の禁止行為、義務行為を無視した手続など）
- 財産（お金や物品など）の横領
- 虚偽の報告（法令の要求に合致しない報告など）

このうち、実際に起こる不正行為の 80％前後は財産の横領であると言われます。お金を扱う事務、換金性の高い物品を取り扱う事務、お金がからむ事務では、財産の横領の不正が起こり易いと言えます。財産の横領の多くは、法令違反の行為に該当します。

また、虚偽の報告は、④正確な報告に係るリスクにも該当します。

（不正行為の 80％は財産の横領）

⑦ 倫理観の保持に係るリスク

倫理観の保持に係るリスクは、社会一般に認められる倫理的な価値観や

社会の常識や良識を尊重した自治体の運営から逸脱してしまう可能性です。

倫理は、人が社会で生活する上で守るべき一般的な決まり事や秩序で、**倫理的な価値観**は、人が社会で行動する際に善悪、正邪の判断において基準となる普遍的な考えのことです。

常識は、健全な一般人が共通して持っている、または持つべき、普通の知識や思慮分別のことです。また**良識**は、物事について正しく判断できる能力のことで、考え方が健全な状態を表します。

前項の「⑥　不正行為に係るリスク」は、法令や条例にそぐわない行為のみならず、服務規程に違反する行為も含んでいます。これに対し倫理観の保持に係るリスクは、服務規程という文言には表されていない行為も対象にします。

倫理的な価値観を尊重した自治体の運営には、従来からある効率性と有効性を重視した組織運営に加えて、社会性、人間性をバランスよく重視した運営も含まれます。

社会性は経済、環境、文化的な面で社会と摩擦を起こさず、社会に感謝される組織運営を行うことであり、**人間性**は職員を始めとする他人の人権を尊重した運営を行うことです。

倫理観の保持に係るリスクが実現した例としては、以下のようなものがあります。

- 行政サービス提供のための活動が自然環境を破壊する、あるいは資源を無駄遣いしているという噂が立つ
- 行政サービス提供のための活動が地域住民の生活環境を破壊しているという噂が立つ
- 自治体の運営が職員の身体的及び精神的な健康や安全を脅かしているという噂が立つ
- 自治体の運営が職員に生きがいを与えていないという噂が立つ
- 職員の行動が反道徳的であるという指摘を受ける

⑧ 財産の保全に係るリスク

　財産の保全に係るリスクは、地方自治体が保有する物的な資産や負債を正確に把握し、その保全をすることを阻害する可能性です。

　財産保全の例としては、現金・預金や有価証券の保護、公用財産や公共用財産の無許可使用の防止、動産や債権の保護、二重払いや過払いによる現金流出の防止、等があります。

　財産の保全は、⑥不正行為による財産の横領と密接に関連しますが、それに限定されるものではありません。

　財産の保全に関わるリスクが実現した例としては、以下のようなものがあります。

- 公金が私的に使用される
- 有価証券が勝手に換金処分され、現金が着服される
- 公用財産、公共用財産の物理的隔離が不完全なので、目的外に無許可で使用され、損傷を受ける
- 職員が勝手に公用財産、公共用財産を使用し、住民から不公平であるというクレームを受ける
- 資産を保管する施設の設備が不適切なために、保管している動産が滅失、減耗、劣化する
- 換金性の高い動産を保管する施設の防護、もしくは人的管理が不十分なために、保管する動産が盗難に遭う
- 使用禁止エリアでの火気使用により火災が発生し、財産を消失する
- 契約先から送付された請求書の管理が不十分なために、代金の二重払いをする

⑨ 情報資産の保全に係るリスク

　情報資産の保全に係るリスクは、地方自治体が保有する個人情報や最低入札価格などの機密情報などの情報資産を正常な状態で保全することを阻害する可能性です。

情報資産の保全は、情報セキュリティとも呼ばれています。昔は、情報は紙に記録されており、それを持ち出すには膨大な負荷を伴うものでした。しかし現代では、情報のほとんどは電子的に記録されており、電子データをメモリースティックにコピーしたり、電子メールで送信したりすることによって、簡単に持ち出すことができます。

情報資産の持ち出しは組織外の人間によるものと組織内の人間によるものがあります。いずれもその目的は、持ち出した情報資産の換金、嫌がらせ、アクセス者の技術の誇示などです。

情報資産の保全に係るリスクが実現した例としては、以下のようなものがあります。

- アクセス制限が不適切なために、機密情報を改ざんされる、あるいは破壊される、もしくは盗み出される
- 保有する個人情報が流出し、流出した自治体の評判が下落する
- 流出した個人情報が不正に使用され、情報を使用された個人が損害を被る
- 持出された最低入札価格の情報が不正に使用され、公正な競争入札が行われなくなる
- 情報システムの性能が低いために、端末の応答に時間が掛かる

（情報資産は密かに持ち出される）

（情報へのアクセス）　　　（コピー）　　　（持ち出し）

⑩　**損失の危険に係るリスク**

損失の危険に係るリスクは、予期せぬ原因による財産の滅失や損害賠償責任の発生などの金銭的な損失の他に、悪い噂話が SNS で取り上げられ

る等の、直接的には金銭に換算できないものがあります。

　しかし、直接的には金銭で換算できない損失でも、長い目で見れば自治体に対する住民の信頼性が低下して、行政執行に対する住民の協力が得られなくなる、などの損失につながるものが多々あります。

　損失の危険に関わるリスクが実現した例としては、以下のようなものがあります。

- 火災や自然災害などで公用財産、公共用財産を滅失する
- 職員の法令違反行為により、自治体に対する住民の信頼性を失う
- 行政サービスに違法な行為、もしくは瑕疵があり、自治体が損害賠償を請求される

3）リスクに対する内部統制の例

　本項では、**図表５－１**のリスクに対して整備する内部統制の例を取り上げます。

　なお、本項に示したのはリスクに対する静的な統制活動を中心にしたものです。本来、内部統制を組織の日々の活動の中で機能させるには、統制活動を何処で、誰が、いつ、何を、どのように適用するかを明らかにしなければなりません。

　しかしそれでも、リスクごとの静的な統制活動を理解しておくことは有意義であり、内部統制を設計・導入する際に役に立つことには、間違いありません。

①　内部統制整備の基本

　識別したリスクに対しては、リスク発生の原因を分析して、リスクの発生可能性を十分に適切なレベルまで低減させ、あるいは発生した場合の影響を低減させるために、６つの構成要素からなる内部統制を設計し、日常の事務手続の中に組み込んで、運用しなければなりません。

　６つの構成要素の中で中核になるのは統制活動です。統制活動が意図し

たように運用されることを確保するために、情報と伝達のシステムの構築、日常的及び独立的モニタリングの実施は欠かせません。また、導入した統制活動の間隙を埋めるために、統制環境の整備は不可欠です。

② **業務の有効性と効率性のリスクへの対応**

業務の有効性と効率性のリスクに対応するには、組織が抱えるリスクを十分に適切なレベルまで低減するための方針と手続を確立する必要があります。

地方自治体の業務の有効性と効率性のリスクに深く関係するものとして、人（職員）、お金（資金）、情報があります。以下では、これらへの対処方法について取り上げます。

（人）

職員の潜在的能力と活力を引き出し、それを仕事に反映させるには、職員が仕事をしやすい環境を作り、職員のやる気を引き出すことが重要になります。それに有効な方策としては、以下のようなものがあります。

- 例外的な事態が生じたときに適切な判断と行動ができるように、職員の仕事の範囲と組織全体の中で占めている位置と役割を明確にする
- 職員が自分の裁量でできることと、上司の許可・承認を得なければならないことを明確にし、職員に周知徹底する
- 自分の裁量で判断する際の規準を明らかにし、職員がそれを行使できるように教育と訓練を施す
- 職員は自分を評価する基準に合わせて行動するので、職員の業績評価基準を明確にし、それを前もって職員に示す
- 職員に明確な達成目標を与える
- 業績評価の結果と昇給や昇進との関係を明確にする
- 職員の性格や経験を反映して、適材適所の配置を行う

120 第5章 地方自治体の内部統制制度の拡大展開（将来の実務への提言）

- 職員の希望を優先して配属先を決め、業績評価にもとづいた昇給・昇進の制度を導入する

（お 金）

契約先への支払いに回すお金が足りないとか、金融機関への返済資金が確保できない、などという事態に備えて、以下のような施策を講じておきます。

- 期待できる収入の内容と金額に基づいて、収支の予算を作る
- 支出は、予算にしたがって行う
- 支出は支出負担行為が法令や予算への違反が無いこと、支出負担行為に係る債務が確定していることを確認してから、行う
- 資金の不足が予想されるときは、時間的な余裕を持って金融機関と借入の交渉を行う、もしくは地方債の発行を検討する
- 手元に置く現金や小切手、有価証券類は、鍵がかかる金庫に保管し、金庫へアクセスできる人を制限する

（情 報）

情報は、職員が何らかの行動を起こす際には必須です。情報は、必要とする人が、必要とするときに、必要とする内容が提供されなければなりません。

情報を効率よく、効果的に、正確に伝える仕組みが情報システムです。情報システムは、人間の"神経"に例えられます。情報システムは、人間とIT機器の組み合わせでできていますが、近年ではIT機器が大部分を占めています。

情報システムは、組織目的の達成をサポートするための情報システムという観点から、自治体の運営に重要な影響があるかどうかを基準に構築します。

極端な話ですが、ホームページに不正にアクセスされ落書きされたの

と、機密情報に不正にアクセスされて入札情報や住民の個人情報が盗まれたのでは、自治体の運営に与える影響がまったく異なるのは明らかです。

情報システムに係る内部統制は、情報システム自体のほかに、人の業務の有効性と効率性、職員の不正行為、情報資産の保全などに係る内部統制と密接に関係しているので、それらと一体的に整備する必要があります。

詳細は、⑨情報資産の保全に係るリスクへの対応で取り上げます。

③ 業務の正確性に係るリスクへの対応

繰り返しになりますが、業務の正確性に係るリスクは業務の有効性や効率性にも関係します。

業務の正確性は、作業上の間違いや漏れ、職務怠慢等によって失われます。これに対応する統制としては、上司による事務作業のモニタリング、作業結果の承認、事務作業の正確性確保に有効なワークフローの構築と可視化などを、業務の有効性や効率性を確保するための内部統制といっしょに整備します。

（ワークフローの構築は、事務作業の正確性確保に有効）

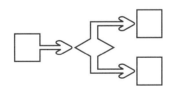

④ 正確な報告に係るリスクへの対応

正確な報告を確保するための方策には、以下のようなものがあります。

- 誰が、いつまでに、どのような情報を、どのアプリケーション・システムへ、どのようにインプットするか、すなわち情報処理プロセスを明らかにし、関係する職員へ周知徹底する
- 情報処理プロセスで求められる作業を怠ると全庁の事務手続にどのような影響がでるのかを明確にし、関係職員に周知し、各自が果た

すべき役割を理解させる

- 職員が自分の役割を確実に実行できるように研修を行い、オン・ザ・ジョブで訓練を行う
- 職員が決められた事務手続を確実に実行していることを、上司が日常的にモニタリングする仕組みを導入する

⑤ 法令等の遵守に係るリスクへの対応

　法令等の遵守は精神論でも法律論でもなく、組織運営の問題です。首長は、職員が法律や規則、組織のルールを遵守し、組織目的の達成に必要な行動を取るための指針を与え、それを実現するための事務処理の方針と手続を整備しなければなりません。

　しかし、考えられるすべての事態を想定した事務処理の方針と手続を定めたのでは、膨大なコストを要することになりかねません。これは、業務の効率的な遂行に反することになります。

　そこで、経済的合理性を考えて、頻繁に起きる、あるいは起きたときの影響が大きい案件について具体的な事務処理の方針と手続を定め、それ以外の事態については「これこれの事態に直面したときは、どこそこの部署に連絡するように」と定めれば十分であると思われます。

　法令等の遵守を徹底する方策には、以下のようなものがあります。

- 職員が共有すべき価値観や組織の目的、達成目標等を明確に定義し、全職員へ周知徹底する
- 価値観や組織目的を具体化した倫理規程や行動規範を定める
- 倫理規程や行動規範は、各部局の職員が日常業務で直面する事態を想定して、「こういう場合はこう行動する」という個別具体的な内容を定める
- 研修等を実施して、倫理規程や行動規範の内容を全職員へ周知徹底する
- 職員による法令違反行為、あるいはその恐れがある行為を発見した

職員が、その事実を倫理委員会、不正防止委員会などへ通報する社内通報制度を導入する
- 法令等を遵守していることの誓約書を、定期的に、幹部職員または全職員から入手する

⑥ 不正行為に係るリスクへの対応

実際に起こる不正行為の80％前後は財産の横領です。ここでは、財産の横領に特化して、その対策を取り上げます。

お金を扱う事務、換金性の高い動産を取扱う事務、お金がからむ事務等では財産の横領の不正が起こり易いので、財産の保全の項で取り上げているように、その事務手続の中に財産の横領を防ぐ統制活動を組み込む必要があります。それには、以下のようなものがあります。
- 盗難や横領のリスクが最も高い現金や小切手、有価証券類は金庫に保管するとともに、金庫にアクセスできる人間を制限する
- 収入や支出は、可能な限り記録が残る銀行振込とする
- 換金性の高い動産は鍵のかかる倉庫に保管し、倉庫へアクセスできる人を制限する
- 倉庫への入退出者を監視できる監視カメラを設置する
- 現物の保管者と当該現物の出し入れを記録する帳簿の記録者は、完全に分離する

（監視カメラの設置）

⑦ 倫理観の保持に係るリスクへの対応

　組織が倫理的な価値観を尊重した経営を行うには、組織の職員が社会性や人間性をバランスよく重視した経営を意識し、行動する必要があります。それには、職員が社会性や人間性を重視した価値観を持つと同時に、それを組織全体に浸透させ、組織全体の価値観にする必要があります。

　地方自治体の職員間に社会性や人間性を重視する価値観を組織全体へ浸透させるには、以下のような方法があります。

- 倫理的な行動のための規準を策定する
- 倫理的な行動規準を職員間に周知徹底するために、研修等を実施する
- 倫理的な価値観にもとづいた行動が行われていることを、日常的に、及び定期的にモニタリングする
- 幹部職員又は全職員から、倫理的な価値観にもとづいた行動を行っていることの宣誓書を、1年に1回程度、受け取る
- 倫理的な価値観にもとづいた行動規準へ違反する行動を通報する制度を導入する
- 地域住民が関心を持っている側面を理解するために、意見を聞く機会を設ける
- 地域住民が関心を持っている側面に関して、自治体が実践していることを定期的に公表する

（倫理的な行動基準の遵守のために）

⑧ 財産の保全に係るリスクへの対応

地方自治体が所有する財産の種類に応じて、以下のような対策を施します。

- 天候や気象の影響で品質が劣化したり減耗したりするものは、倉庫に保管し、あるいは覆いをかぶせるなどして物理的に保護する
- 自治体の資産を勝手に使用してはならない規則を定め、職員間に周知する
- 換金性の高い動産は盗難に合う確率が高いので、鍵のかかる倉庫に保管する
- 換金性の高い動産を保管する倉庫にアクセスできる職員を制限する
- 現金や小切手、有価証券類は、盗難や横領のリスクが最も高いので金庫に保管するとともに、金庫にアクセスできる人間を制限する
- 現金や小切手、有価証券類、及び換金性の高い動産の保管者と、その出し入れを帳簿へ記録する担当者は分離する
- 定期的（例えば、月に一度等）に、保管者と記録者以外の人が現金等の現物の残高と帳簿記録の残高照合を行う
- 差異が発見されたら、その原因を調査する

（盗難の危険性が高い財産の保管）

（現金等は金庫に保管）　　　　（帳簿の記録は別人）

⑨　情報資産の保全に係るリスクへの対応

　情報資産の保全（情報セキュリティ）の対象には、職員や地域住民の個人情報、最低入札価格などの機密情報があります。

　情報資産の保全を考える場合は、自治体の運営に重要な影響があるのかどうかを基準に、「どの情報を、どの程度、どのようにして、どのくらいの金をかけて守るのか」というセキュリティ・ポリシィを策定し、それに基づいて対策を施します。

　IT（情報技術）の発達は日進月歩です。常に新しい技術が発明されています。不正アクセスのテクニックもしかりです。これを踏まえて、情報資産の保全に万全を期す必要があります。

　情報資産の保全には、以下のような対策が必要です。

- 機密情報の管理規程（機密情報管理規程）を定める
- 保存する情報をランク付けし、各職員がアクセスできる情報に制限を設ける
- 各ランクの秘密情報にアクセスするための手続を定める
- アクセス権限者にパスワードを割振り、パスワードは定期的に変更する
- 誰が、いつ、どの情報にアクセスしたかの記録（ログ）が残るようにする
- 保有している情報のバックアップをとる
- あらかじめ設定したルールに従い、通してはいけない情報の通信を止める機能（ファイア・ウォール）を導入する
- すべてのパソコンにウイルス対策ソフトをインストールする
- 機密情報管理規程を遵守していることの誓約書を、定期的に、幹部職員または全職員から入手する。
- 知り得た機密情報を漏洩しないこと、退職時には機密情報を保管したすべての文書、電子データなどを自治体へ返還しなければならないことを、雇用契約書に明示する

5-2　リスクの種類と内部統制の例　　*127*

- 機密情報管理規程を遵守しない、あるいは機密情報を社外に流出させた場合の罰則を明確に定める
- 退職した職員に割り当てていたアクセスのパスワードは、すぐに削除する

⑩　損失の危険に係るリスクへの対応

　損失の危険は、日常的な事務手続の中に潜んでいます。これらの損失の危険を回避し、十分に適切なレベルまで低減するために、地方自治体の活動に関係するすべての職員に適用になる内部統制を整備するとともに、損失の危険が潜んでいる事務手続を識別し、関係する事務手続の中に損失の危険を回避する内部統制を整備します。

　損失の危険を回避するには、以下のような方策があります。

- 各幹部職員ができる支出負担行為に、金額的な上限を設ける
- 法律や規則の改正、地域住民の動向や思考の変化、経済状況、社会構造の変化などをモニタリングする部署を設け、損失の危険を予測する
- 損失の危険が実現した場合において関係者が取るべき行動を明確に定め、定期的に訓練を行う

5-3　内部統制整備の方法

　内部統制の整備とは、潜在するリスクの発生可能性と発生した場合の影響を十分に適切なレベルまで低減する仕組みを設計し、事務手続に導入することです。

1) 既存組織の評価

①　既存の内部統制の評価

　地方自治体のような組織では、長い間に蓄積されてきたノウハウを含む既存の事務手続の中に、多かれ少なかれ、リスクを低減する何らかの内部統制が組み込まれています。その場合は、既存の事務手続に組み込まれた内部統制がリスクを十分に適切なレベルまで低減しているか否か、を評価します。

　十分に適切なレベルまで低減していない場合は、追加の手続を設計し、導入するか、全く別の統制活動を組み込んだ手続を設計し、導入します。

②　経営環境によるリスクの変化に対する内部統制

　内部統制が組み込まれた事務手続が確立されている組織であっても、政治・経済の状況、社会情勢や技術革新などの環境変化に合わせて、事務手続は変化していきます。

　事務手続に変化が生じれば、組織に取って好ましくない要因にも変化が生じます。すなわち、新しいリスクが発生している可能性が在ります。この状況を示したのが、**図表5−3**です。

図表５－３：リスクの変化

　抱えるリスクに変化がある場合は、変化したリスクに対応する内部統制を識別し、それがリスクを予防及び早期発見する機能があるか、そして十分に適切なレベルまで低減しているか否かを確認する必要があります。

2）新設組織の整備

　新しく設立された地方公社や地方独立行政法人などの新設組織では、組織目的を阻害するリスクを識別し、それを十分に適切なレベルまで低減する内部統制を組み込んだ事務手続を構築しなければなりません。

①　新しい事務手続の構築

　新設組織では、組織の仕事のやり方について、全く、定めがありません。前例もありません。この状況では、組織の設立に携わった人たちの過去の仕事の経験をもとに、あるいは他の組織における事務手続を参考に、新組織の事務手続を構築していくことになります。

②　リスクの認識と統制

　新設組織で仕事を続けていくと、この分野は意図した成果が間違いなく得られる、あるいは、この分野の成果は全く望めないと言うことが明らかになります。前者は新設組織の仕事として継続しますが、後者は打ち切りを決めます。

　または、この仕事は成功することもあれば失敗することもある、しかし

130　第５章　地方自治体の内部統制制度の拡大展開（将来の実務への提言）

成功した場合の成果は大きい、いう事態にも遭遇します。この成功することもあれば、失敗することもあるものがリスクです。

　リスクを発見したら、統制活動を設計し、必要な情報と伝達、及びモニタリングの仕組みを事務手続の中に組込む活動を構築します。

３）統制活動と内部統制

　本書では、統制活動と内部統制を区分して、交互に使用しています。統制活動は、首長の命令が確実に実行されるようにするために定めたもので、方針と手続からなります。

　繰り返しになりますが、統制活動は内部統制の構成要素の１つです。既存組織でも新設組織でも、統制活動を設計・導入することは、内部統制整備の重要な作業です。

　しかし、内部統制の整備は、統制活動の設計・導入にとどまりません。組織の達成目標を阻害する要因であるリスクを識別・評価し、統制活動に必要な情報を識別して、それを必要とする人に伝達する仕組み、内部統制の構成要素が適切に整備され運用されていることを確認するモニタリングの活動を整備することも必要です。さらに内部統制には、組織で働く人の内部統制に対する意識を高める統制環境の整備も重要です。

5-4　全庁的なリスクの識別と評価

1）リスクの識別

　地方自治体の組織目的の達成を阻害する事務上の要因をリスクとし、そのリスクを識別及び評価し、対策を講じることで、事務の適正な執行を確保することができます。これが地方自治体の内部統制の目的です。

　したがって、地方自治体の中に事務の適正な執行を確保するための内部統制を整備するには、まず、事務手続の中に潜在するリスクを識別しなければなりません。

　リスクを識別する作業は、一般的には、リスクの洗出しと呼ばれています。

①　洗出しの対象とリスクの具体化

　各部局の事務手続に潜在するリスクには、**図表５−１**に分類したものがありますが、これは大きな分類に過ぎません。リスクを洗い出す際は、具体的なリスクを把握する必要があります。

　例えば、法令等の遵守に係るリスクには、個人情報保護制度や公益通報者保護制度などに違反するリスクがあります。個人情報保護制度においても、情報の流出や不当な目的での利用、目的外の使用など、複数の違反が考えられます。

　倫理観の保持に係るリスクには、セクハラやパワハラに係る行為があります。業務の効率化に係るリスクには、省エネや、省資源化に係るリスクがあります。

　それらは、同じ業務の中に存在することもあれば、別々の業務に存在することもあります。

　組織目的の達成にとって好ましくない影響を与える行為や事象はすべて

リスクなので、どのリスクがどの事務手続に潜在しているかを考える際は、**図表５－１**のリスクをさらに個別具体的なものに細分化しなければなりません。

そしてリスクの洗出しでは、考えられるすべてのリスクを対象とします。影響の大小は問いません。影響の大小は、次のステップであるリスクの重要性評価で考慮します。

② 洗出しの方法

リスクの洗出しは、部局ごとに関係者が集まり、ブレーンストーミングの形で実施します。その際は、各部局の事務の内容に応じて、その事務手続に深く関係するリスクを意識しながら、洗い出していきます。

リスクを識別するには、自治体を取り巻くリスクの内容を理解する必要があります。リスクの名称とその内容については、同じ自治体の人間でも異なる理解をしていることが多々あります。これを放っておくと、同じ名称のリスクについて議論をしていても、議論がかみ合わなくなるおそれがあります。

これを避けるために、自治体で使用するリスクの名称と内容について、あらかじめ、明確に定めておく必要があります。

なお、リスクの名称と内容については、一般的なものと自治体固有のものがあります。

（ブレーンストーミングで、リスクの洗出し）

③ 事務手続に潜在するリスク

　図表5－1は、各部局の事務手続に潜在するリスクを10種類に分類しています。繰り返しになりますが、このリスクのすべてが各部局の事務手続の中に潜在しているわけではありません。

　例えば、ある部局の行政サービスに係る事務手続には10種類のリスクの中の**複数**のリスクが潜在するが、別の部局の事務手続には、**1種類**のリスクだけが潜在するかも知れません。

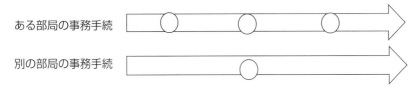

　また、ある事務手続と別の事務手続には同じ数のリスクがあるが、そのリスクの**種類**は異なるかもしれません。

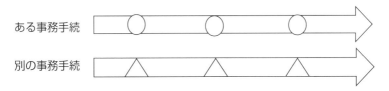

　あるいは、ある事務手続と別の事務手続に潜在するリスクは同じ種類であっても、発生する好ましくない影響の大きさが異なるかも知れません。つまり、そのリスクは、ある事務手続においては好ましくない**大きな影響**を与えるが、別の事務手続においては**小さな影響**しか与えないかも知れません。

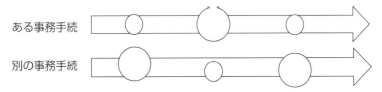

　このようにして、各事務手続に潜在するリスクの種類、大きさを識別していきます。

2）重要性評価

　リスクを識別したら、それらが組織目的の達成を阻害する影響の大きさを測定します。そして、影響が大きいリスクをランク付けします。これがリスクの重要性評価です。

①　評価の方法

　組織目的の達成を阻害する影響の大きさの測定方法には、量的な測定と質的な測定があります。目的の達成を阻害する影響は、発生可能性と発生した場合の影響の大きさの両面から測定します。

　発生可能性や発生した場合の影響の大きさは、必ずしも数値で示す必要はなく、測定のメモリは「1、2、3、4、5、」や「大きい、中間、小さい」で十分です。

　また、発生した場合の影響は、単に金額で表示できる財務的なものだけでなく、自治体への信頼性にかかわるもの、他の事務や情報システムに対する影響などの点からも検討するのが一般的です。

②　リスク評価表

　図表5－4は、財務に与える影響、自治体の信頼性に与える影響、他の事務に与える影響の3つの視点からリスクの評価を行う場合の指標の例を示したものです。この例では、3つの視点から大、中、小を付けています。

　大、中、小にそれぞれ3、2、1の数字を当てはめると、各リスクは9～3のレベルで数値化されることになります。

5-4 全庁的なリスクの識別と評価

図表５－４：リスク評価表

	リスクは大きい	リスクは中くらい	リスクは小さい
財務に与える影響	年間10億円以上の損失の可能性が高い	年間1～10億円の損失の可能性が高い	年間1億円以上の損失の可能性は低い
自治体の信頼性に与える影響	重要な不正行為が起こり、組織の信頼性を著しく失う可能性が高い	中程度の不正行為が起こり、組織の信頼性を失う可能性がある	不正行為が起こる確率は低く、信頼性を失う可能性は低い
他の事務に与える影響	重要な情報が伝達されず、重大な他の事務の中断の可能性が高い	重大な他の事務の中断の可能性は中くらい	重大な他の事務の中断の可能性は低い

③ リスク・アセスメント・マップ

リスクの評価にリスク・アセスメント・マップを使用する方法もあります。リスク・アセスメント・マップは、リスクを縦軸の経営への影響と横軸の発生可能性から分類するものです。**図表５－５**は、その例です。

図表５－５：リスク・アセスメント・マップ

右上のゾーンがリスクの発生可能性と経営への影響が高く、最も注意しなければならない"重要な"リスクを示しています。

3) 重要性の高いリスクの選別

　重要性評価でリスクをランク付けしたら、あらかじめ定めた基準に合致する重要なリスクを選別します。

　なぜなら、洗い出したすべてのリスクに対して内部統制を整備しようとすると、コスト負担が膨大になります。これを回避するために、影響の大きな重要なリスクを選び出し、この重要なリスクに対する既存の事務手続に組み込まれた内部統制が十分に適切であるか否かを評価することにするのです。

　もし十分に適切でない場合は、追加の、もしくは新しい統制活動を設計し、事務手続に導入します。

5-5 リスクに関係する部局の識別

1）各部局の行政サービス

　繰り返しになりますが、地方自治体の目的は住民の福祉の増進を図ることであり、生活に必要な行政サービスを地域住民へ提供することです。そして、この行政サービスは、地方自治体の各部局によって提供されます。

　市役所の各部局が提供する行政サービスの内容の例を一覧にすると、**図表5－6**のようになります。

図表5－6：市役所の各部局が提供する行政サービスの内容

（部局名）	（行政サービスの内容）
総合政策部	市全体がより住みやすい街になるように、市の規則を考え、将来についての計画を立てる
総務部	市役所で働く職員の給料の支払いや福利厚生、研修、職員の採用に係る業務を担当する
財政部	市民が納めた税金をもとに、1年ごとの市の予算を決め、どんなことにいくら使うのか、お金の使い道を決める
管財部	市役所の財産の管理、競争入札の公示や審査を行う
デジタル部	市役所全体のデジタル化、情報システムの構築を統括する
市民生活部	引っ越しや結婚、子どもが生まれたときなど、市民の暮らしにかかわるさまざまな届出を受け付けて管理をする
子ども家庭部	子育てをしている家庭と子どもたちを支援する
福祉保健部	高齢者や障がいのある人、生活に困っている人たちが安心して生活できるよう、相談に応じ、支援を行う
都市整備部	住みやすい街にするために、都市計画に取り組む
建設部	新たに建つ建物が建築基準法や各種条例を守っているかどうかを審査し、建築許可・指導にかかわる業務を行う。公用及び公共用建物の建築も担当する

上下水道部	市民がおいしくてきれいな水を飲めるよう、上水道の配水管の維持管理や水質管理を行い、下水道を整備する
経済観光部	農業や商業・観光業などが盛んになるように様々な施策を考え、その産業で働く市民が増えるように支援する
教育部	学校の整備、児童・生徒の入学・転入・退学にかかわる業務、学校の備品をそろえ、学校給食の管理などに携わる
会計管理者	市役所のお金の支出を承認し、お金の出し入れを記録する
監査委員	市民からの税金が正しく使われているかどうかを監視する
議会事務局	市議会を開く準備をし、市議会で話し合われたことの記録をまとめる

（注）リクルートのスタディサプリ「進路」を参考に、筆者が編集

2）行政サービスに関するリスク

　地方自治体の行政サービスは、**図表5－6**に示したような部局によって提供されます。すなわち、これらの部局が提供する行政サービスの達成を阻害する事務上の要因が地方自治体のリスクになります。

　したがって、地方自治体が事務の適正な執行を確保するための内部統制を整備するにあたっては、まず、これらの行政サービスに関する事務に係るリスクを識別・評価しなければなりません。

　このことは、各部局が提供する行政サービスの内容によって、①業務の効率的かつ効果的な遂行、②報告の信頼性の確保、③業務に係る法令等の遵守、④資産の保全のリスクが異なることを意味しています。

　したがって、4つの目的を達成できないリスクは、部局ごとに識別しなければなりません。

　また、地方自治体のリスクは、地方自治体の規模や置かれた政治・経済・社会・技術環境によって異なるので、他の地方自治体が識別しているリスクを真似て該当リスクの有無を確認するのではなく、自身の地方自治体にとっての重要なリスクを識別する必要があります。

3) 事務フロー分析

「図表3-9：財務に関する事務の事務フロー」は、財務に関する事務、すなわち予算、収入、支出、決算、契約、現金及び有価証券の出納と保管、財産管理等の事務を、事務フローに分析しました。

それと同じ要領で、各部局の事務を事務フローに分析すると、事務手続のどこに、どのリスクが潜在しているかを、識別しやすくなります。

① 行政サービスの提供に関する基幹事務のフロー

サービス業を営む民間会社の主要な業務（基幹業務）の流れは、次のようになります。

これを参考に、行政サービスの提供に関する主要な事務（基幹事務）の流れを示すと以下のようになると考えられます。

地方自治体の各基幹事務は、**図表5-7**に示したような内容になると考えられます。

図表5-7：地方自治体の基幹事務の内容

（基幹事務）	（事務の内容）
住民ニーズ把握	アンケート、意見聴取等により、住民が望んでいる行政サービスの内容を把握する
サービス開発	住民に提供する行政サービスのコンセプトを固め、サービス提供の工程（プロセス）を確定する

予算確保	行政サービスの提供に必要な設備や人員等を確保するための予算を獲得する
調達購買	行政サービスの提供に必要な設備や物品・サービス等を外部から購買する
サービス提供	住民へ、行政サービスを提供する
アフターサポート	行政サービスに対する住民の意見を聞き、サービスの改良に活用する

② 支援事務の事務フロー

　「図表５−７：行政サービスの基幹事務の内容」では、地域住民へ行政サービスを提供する各部局において行われる基幹事務の内容を取り上げました。

　地方自治体には、行政サービスの各基幹業務に対して、各基幹事務が必要とするリソースを提供するための事務もあります。

　ちなみに、民間会社のサービス業における支援業務には以下のようなものがあります。

①情報システム	−経営に必要な情報システムを構築すること
②人的資源の確保	−経営に必要な労働力を確保し、その有効利用を図ること
③資金の確保	−経営に必要な資金を確保し、円滑な資金繰りを行うこと
④財務報告	−社内外の関係者に適切な財務報告を行うこと
⑤研究開発	−基礎研究とサービスの開発を行う

　これを参考に地方自治体における支援事務を分類すると、**図表５−８**になると考えられます。

5-5　リスクに関係する部局の識別　*141*

図表５－８：地方自治体の支援事務の内容

（支援事務）	（業務内容）	（担当部局の例）
情報システム	自治体としての組織目的の達成に必要な情報システムを構築すること	デジタル部等
人　事	職員の採用、教育訓練、給料の計算と支給等を行うこと	総務部等
出　納	現金及び有価証券の出納、及び保管を行うこと	会計管理者
予　算	税金の額を決めて徴収し、各部局の支出予算の調整を行い、議会の承認を受けること	財政部等 議会事務局
決　算	決算を行い、監査委員の監査を受けて、議会の承認後に地域住民へ報告すること	会計管理者 監査委員
財産管理	競争入札の公示や審査、及び現金・有価証券以外の公用財産、公共用財産の取得、保管、処分を行うこと	管財部等
政策企画	自治体としての規則を考え、将来の計画を立てること	総合政策部等

③　基幹事務と支援事務の関係

　図表５－９は、地方自治体の基幹事務と支援事務の関係を一覧できるように示したものです。

　図表５－９において、基幹事務は住民ニーズ把握からアフターサポートまで、順番に流れていくことを示しています。これは、市民生活部、子ども家庭部などの行政サービスを提供する部局によって営まれる事務フローを示しています。

　情報システム、人事、出納、予算、決算、財産管理、政策企画の支援事務のフローは、行政サービスを提供する各部局に対して、事務の運営に必要なリソースを供給することを示しています。

　なお、基幹事務の住民ニーズ把握、サービス開発、予算確保、調達購買、サービス提供、アフターサポート、支援事務の情報システム、人事、

142　第５章　地方自治体の内部統制制度の拡大展開（将来の実務への提言）

図表５－９：地方自治体の基幹事務と支援事務の関係

	（担当部局）	（事務フロー）					
基幹事務	・・・ 市民生活部 子ども家庭部 福祉保健部 建設部 ・・・	住民ニーズ把握 ⇨	サービス開発 ⇨	予算確保 ⇨	調達購買 ⇨	サービス提供 ⇨	アフターサポート
支援事務	デジタル部等	情報システム					
	総務部等	人　事					
	会計管理者	出　納					
	財政部等	予　算					
	会計管理者	決　算					
	管財部等	財産管理					
	総合政策部等	政策企画					

出納、予算、決算、財産管理、政策企画の事務は、さらに小さな事務フローで構成されており、分解することが可能なのは言うまでもありません（**図表５－10**を参照のこと）。

4）事務手続とリスクの関連付け

①　中区分の事務への分析

　図表５－10は、「**図表５－７：地方自治体の基幹事務の内容**」に登場する基幹事務（大区分の事務）を、さらに詳細な事務（中区分の事務）に分解したものです。これにより、各部局の事務手続に潜在するリスクが、より識別しやすくなります。

　リスクの発見のために必要であれば、中区分の事務をより詳細な小区分の事務にブレークダウンします。

（中区分の事務は、例を示したものにすぎません）　リスクに関係する部局の識別　　**143**

図表５－10：行政サービスの事務フロー

大区分の事務	住民ニーズ把握	サービス開発	予算確保	調達購買	サービス提供	アフターサポート
中区分の事務	・職員参加 ・意見聴取 ・コミュニティ設立 ・電子アンケート	・コンセプトの決定 ・サービスの設計 ・サービス工程の設計	・予算編成方針決定 ・事業内容の検討 ・予算要求資料の作成 ・査定 ・予算案の決定 ・承認議決	・購買計画 ・契約及び発注 ・検収及び受入れ ・支払い	・申込受付 ・料金請求 ・回収 ・サービス提供	・住民相談対応 ・クレーム処理

（中区分の事務は、例を示したものにすぎません）

②　中区分の事務とリスクの関連付け

　中区分の事務にブレークダウンしたら、次は、リスクと中区分の事務手続の関連付けです。

　図表５－11は、**図表５－10**で示した「サービス提供」の事務の中区分の事務（申込受付、料金請求、回収、サービス提供）とリスクの種類との関連をマトリクスにしたものです。このマトリクスは、どのリスクがどの中区分の事務手続に潜在するのかを分析したものです。

　図表５－11で示したリスクの種類は、**図表５－１**で示した10種類のリスクですが、事務手続に潜在するするリスクを識別するためには、さらに具体的なリスクに落とし込んで検討する必要があることは、すでに取り上げたとおりです。

図表５－11：サービス提供の中区分の事務とリスクのマトリクス

（大区分の事務）　　　　　（中区分の事務）　（リスクの種類）	サービス提供			
	申込受付	料金請求	回収	サービス提供
①業務の有効性	×			×
②業務の効率性			×	
③業務の正確性	×	×		
④不正行為		×	×	
⑤正確な報告	×			×
⑥法令等の遵守				×
⑦倫理観の保持		×		×
⑧資産の保全			×	
⑨情報資産の保全	×			
⑩損失の危険				

（図表５－11のマトリクスは、あくまでも仮定の関連性に基づいて作成したものです。サービス提供の事務では、「⑩損失の危険」のリスクはないものと仮定しています。）

5）行政サービスの事務フローと財務に関する事務フローの関係

　すでに何度か取り上げましたが、財務に関する事務は**予算、収入、支出、決算、契約、現金及び有価証券の出納と保管、財産管理等**の業務に区分できます。

　これらの業務のうち、収入は財政部局、決算、現金及び有価証券の出納と保管は主に会計管理者と会計部局、そして財産管理は管財部局によって行われるものと考えられます。

　他方、地域住民へ行政サービスを提供する各部局は、もっぱら予算、支出、契約の事務に関わっています。これらは、**図表５－７**の予算確保と調達購買の基幹事務に関係しているものと考えられます。

　すなわち、財務に関する事務に係るリスクのほとんどは、財政部局と会

計管理者及び会計部局、管財部局の事務に関わっており、それ以外の部局、すなわち行政サービスを提供する部局は**予算確保**と**調達購買**の事務においてのみ、①業務の効率的かつ効果的な遂行、②報告の信頼性の確保、③業務に係る法令等の遵守、④資産の保全に係るリスクに関わっていることになります。

これを一覧できるようにするために、「**図表３－９：財務に関する事務フロー**」で示した事務に①、②・・の番号を、そして事務フローに１、２・・の番号を付します。この結果が**図表５－12**の財務に関する事務の事務フローの記号化です。

図表５－12：財務に関する事務の事務フローの記号化

（事務）	（事務フロー）
①予算	１編成方針→２概算予算→３予算要求→４査定→５予算案の確定→６議会の承認
②収入	１調定→２納入の通知→３調停の通知→４収納→５調停の更正
③支出	１支出負担行為→２支出命令→３支出承認→４支出
④決算	１出納の閉鎖→２調整→３監査委員の審査→４議会の承認→５住民への公表
⑤契約	１入札公示→２入札資格審査→３予定価格の設定→４入札→５落札者と契約
⑥現金等	１出納→２記録→３保管→４記録と現金等残高の照合
⑦財産管理	１取得→２保管と管理→３処分

これにより、予算の編成方針は①-1、予算の概算予算は①-2、・・というように記号で表示することができます。**図表５－７**及び**図表５－８**で示した地方自治体の行政サービスの提供に関する基幹事務と支援事務の事務フローと**図表５－12**で記号化した財務に関する事務の事務フローとをマトリクスで関連付けると、**図表５－13**のようになります。

図表５－13からも、財務に関する事務の大部分（約3/4）は、行政サービスを提供する部局へ支援事務を行う部局の手続に関わるものであっ

146　　第５章　地方自治体の内部統制制度の拡大展開（将来の実務への提言）

図表５－13：行政サービスの事務フローと財務に関する事務フローの関連

	（行政サービスの事務フロー）	（財務に関する事務フロー）
基幹事務	住民ニーズ把握	
	サービス開発	
	予算確保	①-1、①-2、①-3、①-5、
	調達購買	③-1、③-2、⑤-5、
	サービス提供	
	アフターサポート	
支援事務	情報システム	
	人 事	
	出 納	②-4、③-3、③-4、⑥-1、⑥-2、⑥-3、⑥-4、
	予 算	①-4、①-6、②-1、②-2、②-3、②-5、
	決 算	④-1、④-2、④-3、④-4、④-5、
	財産管理	⑤-1、⑤-2、⑤-3、⑤-4、⑦-1、⑦-2、⑦-3、
	政策企画	

て、地域住民へ直接行政サービスを提供する部局の手続に関わる部分は
1/4 程度であることが分かります。

（会計管理者の職務と発生主義会計）

① 会計事務

　会計管理者は、首長の支出命令に対する牽制機能が求められています。
　会計管理者は、以下のような職務権限を有しています。

・会計事務

・歳入の徴収・収納事務、または支出事務の受託者に対する検査

・指定金融機関等の検査

　このうち、予算の執行に係るのは会計事務であり、地方自治法第170

条第 2 項は、会計事務として以下の職務を例示しています。

> • 現金の出納及び保管を行うこと
> • 小切手を振り出すこと
> • 有価証券の出納及び保管を行うこと
> • 物品の出納及び保管を行うこと
> • 現金及び財産の記録管理を行うこと
> • 支出負担行為に関する確認を行うこと
> • 決算を調製し、首長へ提出すること

② 発生主義会計による決算の短期化

　上記の会計事務としての職務の中に"決算を調製し、首長へ提出すること"があります。すなわち会計管理者は、毎会計年度、決算を作成し、出納の閉鎖後 3 か月以内に証書類、その他政令で定める書類と合わせて、首長へ提出します。

　行政サービスの提供に必要な物品やサービスの購買に対する支出は、出納の閉鎖後、翌年度 4 月、もしくは 5 月になって行われる場合があります。これらの現金支出は、支出負担行為が行われた会計年度（支出をする会計年度の前年度）に帰属することになります。この期間（翌年度 4 〜 5 月）は出納整理期間と呼ばれています。このように、現金の支出をもって歳出とする考えを**現金主義会計**と呼びます。

　これは、地方自治体では、会計年度ごとに予算を編成し、当年度の支出（歳出）は当年度の収入（歳入）で賄うべきであるとする**単年度会計**を基本とするためです。本年度の歳出を翌年度の歳入で賄ったり、過去の支出負担行為を本年度の歳入で賄ったりすることは、違反行為になります。

　歳入を自由にコントロールできない地方自治体においては、単年度会計は、至極当然の決まりごとですが、しかし単年度会計と現金主義会計は、同一のものではありません。言い換えれば、単年度会計のもとでも、発生主義会計の導入は可能です。

148   第5章　地方自治体の内部統制制度の拡大展開（将来の実務への提言）

　単年度会計の原則により、支出負担行為については年度内に終了していなければなりませんが、もし、地方自治体の会計に**発生主義会計**を導入すれば、実際の支出は翌年度になって行われるものは未払金として経理すれば良く、4～5月における支出を待たずに、決算書の作成が可能になります。

5-6 リスクがある箇所の識別

リスクが潜在する事務手続とそれを担う部局が明らかになったら、部局が担う事務手続のどの箇所にリスクが潜在しているのかを明らかにし、その予防もしくは早期発見のための統制活動を設計し、事務手続の中に導入します。

つまり、予防もしくは早期発見のための統制活動を事務手続の中に組み込むには、まず、どのリスクが、事務手続のどの箇所に潜在しているのかを明らかにしなければなりません。それが、リスクがある箇所の識別です。

1）業務に潜在するリスクの識別

例えば、個人情報保護制度に違反する行為として、情報の流出や不当な目的での利用、目的外の使用などがありますが、それらが発生する可能性が高い箇所は、事務手続のどのポイントであるかを、明らかにします。

リスクは事務手続の開始、承認、記録、編集、報告のポイントで発生しやすので、そのポイントを識別します。そのポイントに、前項で識別したリスクを充当します。

（リスクが潜在するポイントの識別）

これで、事務手続のどの箇所で、どのようなリスクが発生するのかを把握することができます。リスクのある箇所が分かれば、そのリスクの発生可能性と発生した場合の影響を十分に適切なレベルまで低減させるために、どのような統制活動を設計し、事務手続のどこに組み込めば効率的、

かつ効果的なのかが、より明確になります。

これに基づいて、リスクの発生を予防もしくは早期発見する手続を設計し、事務手続の中に組みことができるようになります。

2）事務フローとのリンク

繰り返しになりますが、内部統制の整備では、事務手続の中に潜在するリスク、リスクの性質、リスクの発生頻度と発生した場合の影響などを考慮して、リスクのレベルに応じてリスクの発生を予防もしくは早期発見する統制活動を設計し、事務手続の中に導入します。

適切な内部統制を整備するためには、事務手続の中でリスクが潜在する箇所とリスクの種類を把握する必要があることは、すでに述べたとおりです。

リスクが潜在する箇所とリスクの種類を把握するには、事務手続の流れ、すなわち事務フローの理解が欠かせません。

各部局で、提供する行政サービスの種類ごとに事務フローチャートを作成するとか、既存の事務フローの図を参考にして、事務手続のフローを追っていけば、どの箇所にリスクがあるのかが、識別し易くなります。

事務フローチャートについては、「**図表２－２：支出事務のフローチャートの例**」を参照してください。

5-7 既存の内部統制の有効性評価

"重要な"リスクとその発生箇所がわかれば、発生原因も明らかになります。そうなれば、その発生可能性と発生した場合の影響を低減する既存の統制活動の有無と種類を把握して、それがリスクを十分に適切なレベルまで低減しているか否か、すなわち既存の事務手続に組み込まれた内部統制の有効性を評価することができます。

1）有効な内部統制とは？

既存組織では、既知のリスクに対する内部統制は一通り整備されています。注意を払わなければならないのは、内部統制の中核を占める統制活動は『在る』だけでは不十分であるという点です。

すなわち、既存の統制活動はリスクに対して"妥当な"レベルであって、リスクを十分に適切なレベルまで低減していなければなりません。重要性の高いリスク、すなわち発生する可能性が高い、あるいは発生した場合の組織目的の達成への影響度が大きいリスクに対しては、強力な統制が必要なのはいうまでもありません。

有効であるかどうかは、一般的にリスクに対して妥当であると考えられる統制活動と、実際に運用されている既存の統制活動を比較して判定します。

内部統制のメインは統制活動ですが、これらの統制活動が意図したように機能するには、統制活動の実施に必要な情報を必要な人のもとへ届ける仕組みが必要であり、それらが機能していることを確認するモニタリングの活動も必要であることは、すでに取上げたところです。比較・判定する際は、これらも合わせて検討します。

2）評価の対象

　繰り返しになりますが、既存の内部統制が重要なリスクの発生を予防し、あるいは発生を早期に発見するのに十分に適切であるか否かを評価する際は、様々なレベルの内部統制と内部統制の6つの構成要素すべてを考慮しなければなりません。

① 階層的評価

　その対象になるのは、統制環境とも呼ばれている全庁的な観点で整備する内部統制、各業務に組み込まれている予防的統制と発見的統制、モニタリング活動、情報と伝達の仕組み、などです。

　これらの統制は、組織において、全庁レベルと業務レベルで、階層的に設計され、導入されています。この様子は**図表3－13**に示しているので参照して下さい。

② 予防的統制と発見的統制

　統制活動のうち、リスクの発生を防止するために事前予防的に実施するのが予防的統制、すでに発生しているかも知れないリスクの有無を発見するために事務処理後において事後発見的に実施するのが発見的統制です。

　予防的統制と発見的統制に属する手続の例は、**図表2－6**に示しているので参照してください。

③ 情報と伝達

　統制活動を設計・導入する際は、統制活動の実施に必要な情報を伝達する仕組みを整備することを忘れてはなりません。

　統制活動の結果を受けて行動する人のために、統制活動の結果の情報を伝達する仕組みの整備も必要です。

④ モニタリング

モニタリングには日常的モニタリングと独立的評価があります。日常的モニタリングは、事務の管理責任者が一般職員による統制活動の実施状況を、管理責任者の事務の一環として実施するものです。

この例としては、職員が事務処理した書面に承認印を押す、職員間の事務がお互いに牽制機能を発揮していることを監視する、などがあります。

独立的評価は日常の業務とは離れて行うもので、内部統制評価部局による予防的・発見的統制や日常的モニタリングの実施状況の調査、組織横断的な事務を所管する部局による事務の品質管理などがあります。

この例には、あるべき承認印があることを確認する、事務報告書をレビューして定期的に事務の状況を確認する、等があります。

5-8　内部統制の不備と改善指示

1）有効性の判断規準

　既存の内部統制は、事務手続の中に潜在する重要なリスクを十分に適切なレベルまで低減していない、と判明することがあります。この状況を"内部統制に不備がある"と言います。

　すなわち、内部統制に不備があるというのは、既存の内部統制はリスクのレベルを十分に適切なレベルまで低減していないということです。

2）残存リスクの評価

　既存の内部統制はリスクのレベルを十分に適切なレベルまで低減しているか否かを判断するためには、リスクの大きさと内部統制の有効性の高さを比較して、言い換えれば、内部統制が整備・運用された後に残っているリスクの大きさを評価します。これを残存リスクの評価といいます。

　残存リスクが十分に適切なレベル以下であれば、内部統制は十分に有効である、上回っていれば内部統制は十分には有効でない、あるいは不備があると判断します。

　図表5－14は、リスクの重要性とそれに対する内部統制の有効性、その結果としての残存リスクを一覧できるようにした**リスク・コントロール・マップ**です。

　この図は、リスクの重要性を縦軸に、そのリスクに対する内部統制の有効性を横軸にとり、各リスクに対する内部統制の有効性の状況をマッピングしたものです。

　左下から右上にひかれた帯の中に入っているリスクは、リスクの重要性と内部統制の有効性のバランスが取れているリスクです。右下に配置されたリスクはリスクの重要性のわりには過大な統制が導入されているリスク

です。左上のリスクは、リスクが重要であるにもかかわらずリスクを十分に適切なレベルまで低減していない（内部統制に不備がある）ものです。

図表5－14：リスク・コントロール・マップ

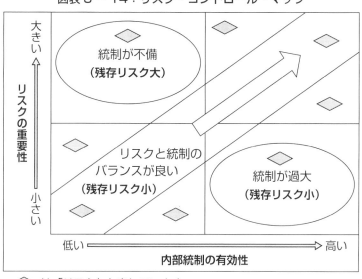

◇は「リスク」を表しています

3) 改善提案

① 残存リスクが大きいリスク

このリスクに対しては、内部統制が十分に適切なレベルになるように、追加の、もしくは全く新しい統制活動などを設計し、事務手続の中に導入しなりればなりません。

さらに、導入後においては、それが意図したように運用されていることを確認しなければなりません。

② バランスが取れているリスク

このリスクに対する内部統制は、リスクを十分に適切なレベルまで低減

しているので、追加で実施する作業はありません。

③　過大な統制

　リスクの重要性が低いのに過大な統制が導入されている場合も、残存リスクは小さくなります。しかし、このようなリスクは統制活動の運用に必要以上のコストと時間がかかっているのが通例です。

　そこで、このリスクに対しては運用に掛かるコストを軽減させるために、レベルを下げた統制活動を提案します。

5-9 改善提案報告書の作成

　有効性評価の結果に基づいて、内部統制の改善提案書を作成します。

　改善提案書では、発見した内部統制の不備について、リスクを十分に適切なレベルまで低減する内部統制を設計し、業務手続の中に導入することを提案します。

　リスクに対して過大になっている内部統制に対しては、経済性と効果を考慮して、レベルを低減した統制活動を提案します。

　改善提案書は、単に最終結論だけでなく、調査の目的、調査対象、実施した手続、日程、担当者、所要時間、改善提案に対する事務手続の執行責任者の意見なども記録し、次回の有効性評価の計画立案に役立つように作成します。

第6章
リスク管理と危機管理

6-1 リスク管理と危機管理の関係

1）自然災害等は内部統制で低減できない

　地方自治体が対応すべき課題には、内部統制を整備しても発生の可能性を低減したり、発生の影響を小さくしたりすることが困難なものもあります。

　例えば、自然災害、大規模火災などの突発的な大事故、感染症の流行などは住民の生活に大きな影響を及ぼしますが、事前に内部統制を整備しても、その発生可能性を低減したり、発生した場合の影響（被害）を小さくしたりすることはできません。

　それにもかかわらず、地方自治体の職員は、自然災害の発生や感染症の流行の兆しが見えたら、あるいは突発的な大事故が発生したら、地域住民の財産と生命や身体を守るために直ちに行動し、連鎖被害を最小限に食い止めるように努めなければなりません。

　連鎖被害の極小化のためには、災害の発生後の被害状況を推測し、被害を受けた住民の財産や生命・身体について火事場泥棒や災害関連死などの被害が拡大しないように務めるとともに、地域住民の生活再建に取り組まなければなりません。

　このような事象に対しては、リスク管理と危機管理の手法を活用して、被害を受けた財産や人の生命や身体を保護するために役立つ装備品や薬品、飲食料品などを、必要量を予測して備蓄するとともに、防災計画や事業継続計画を作成し、それらに基づいて関係者が図上訓練や実地訓練を繰り返し実施して、発生後の連鎖被害を最小限に食い止める必要があります。

2）リスク管理・危機管理が重視される背景

① 大規模災害の多発

近年、地震や大規模火災が多発しています。

以下は、1995 年以降の 30 年間に発生した、死者数が 10 人を超える主な地震です。

（年月）	（地震名）	（死者数）
2024 年 1 月 1 日	能登半島地震	504 人[*]
2018 年 9 月 6 日	北海道胆振東部地震	43
2016 年 4 月 14 日〜	熊本地震	273
2011 年 3 月 11 日	東北地方太平洋沖地震	19,729
2008 年 6 月 14 日	岩手・宮城内陸地震	17
2007 年 7 月 16 日	新潟県中越沖地震	15
2004 年 10 月 23 日	新潟県中越地震	68
1995 年 1 月 17 日	兵庫県南部地震 （阪神・淡路大地震）	6,434

（*）2024 年 12 月 31 日における人数

地球の温暖化が原因と思われる異常気象による大規模な風水害も多発しています。以下は 2000 年以降に、死者が発生した主な風水害です。

（年月）	（名称）	（死者・不明者数）
2021 年 8 月	集中豪雨	13 人
2020 年 7 月	豪雨	86
2019 年 9 月	台風 19 号	105
2019 年 9 月	台風 15 号	9
2019 年 8 月	九州北部豪雨	4
2018 年 7 月	豪雨	263
2017 年 7 月	九州北部豪雨	42

2016年8月	台風7、9、10、11号及び前線による大雨・暴風	25
2013年10月	台風26号	39
2011年9月	台風12号	83
2005年9月	台風14号	28
2004年8月	台風16号	14
2000年9月	台風14号（東海豪雨）	10

　また、能登半島地震に伴う輪島朝市通り火災（2024年1月1日）、京都アニメーションスタジオ火災（2019年7月18日）、新潟県「糸魚川市大規模火災」（2016年12月22日）などの大規模な火災が発生しています。

　2020年1月に日本国内で最初の感染者が確認された新型コロナウイルス感染症（COVID-19）は、瞬く間に世界的な流行となり、私たちも外出の自粛や経済活動の縮小を余儀なくされました。

②　実施可能な対応

　近い将来に、南海トラフ地震や首都直下地震などが発生すると予測されています。また近年は、異常気象による大規模な風水害や土砂災害が、毎年のように発生しています。

　このような地震や風水害などの自然災害、大規模火災などの異常災害、感染症の流行などは、事前に予知することが困難で、それに備えることもママなりません。事前に備えることで発生の可能性を抑える、あるいは、発生した場合に受ける被害を小さくすることなどは、不可能です。

　そのため、自然災害等が発生した場合は、その被害が大きくなり、復旧・復興に長期間を要し、莫大な資金が必要になります。被害にあった人のメンタルや生活にも重大な影響を及ぼします。

　繰り返しになりますが、私たちにできることは財産や人の生命、身体を保護するために役立つ備品や薬品、飲食料品などを、必要量を予測して備

6-1　リスク管理と危機管理の関係　　*163*

蓄し、その備蓄を使って災害発生後における対応を迅速に行い、発生時の被害に続く連鎖被害を最小限にすることです。

③　地方自治体の役割

　繰り返しになりますが、地方自治法第 2 条第 14 項は、「地方公共団体は、その事務を処理するに当っては、**住民の福祉の増進に努める…**」としています。

　住民の財産の保全、生命・身体の安全を守ること、そして被害にあった人のメンタルケアや生活の回復は「住民の福祉の増進に努める」ことの中でも、最も重要な任務と言えるでしょう。

　繰り返しになりますが、地方自治体は、自然災害や突発的な大事故、感染症の流行などに対して、その発生に備えて必要な量の備品、薬品、飲食料品などを備蓄し、被害が発生した後の連鎖被害を最小限に抑えるために、防災計画の作成や事業継続計画の作成、その計画に基づいた訓練の実施、訓練の結果に基づいて計画の修正を図るなど、日頃から災害に備えた活動を展開することが求められています。

　もし災害が発生した場合は、備蓄した装備品、薬品、飲食料品などを使用し、防災計画や事業継続計画に基づいて地域住民の生活再建のために、素早く行動しなければならないのです。

　これが、最近、**リスク管理・危機管理**が注目されるに至った背景の 1 つです。

3) リスク管理とは何か？

　自然災害、突発的な大事故、感染症などから生じる連鎖被害を最小限にし、地域住民の生命・身体と財産を守るためには、災害救助に携わる人々がすぐに適切な行動を起こせるように組織体制と方針及び手続を定め、それらをマニュアルにまとめて誰でも見ることができるように整備し、定期的に実地訓練を実施して、日ごろから万一に備えることが重要になりま

164　　第6章　リスク管理と危機管理

す。

　テントや簡易トイレ、簡易ベッドを含む装備品や薬品、飲食料品を備蓄しておくことも必要です。

　このように、自然災害、突発的な大事故、感染症などのリスクの発生に備えて、日頃から備える活動がリスク管理です。

①　一般的なリスク・マネジメント

　一般的に理解されているリスク・マネジメントでは、組織目的の達成を阻害する可能性がある事象および行為を認識し、その事象や行為の発生が組織にとって重要かどうか、何らかの方法でヘッジすることが可能かどうか、ヘッジしきれない部分は十分に適切なレベルまで低減することが可能かどうか、コストをかけて低減するメリットはあるかなどを検討します。

　その結果、挑戦することになったリスクに対しては、それを低減する内部統制を整備し、これが意図したように運用され機能しているか否かを監視し、機能していない場合はシステムを改善するプロセスを恒常的に繰り返します。

　これらの活動は、一般的にはリスク・マネジメント（もしくはリスク管理）と呼ばれています。

②　本書で呼ぶ "リスク管理"

　本書では、事前の対策では発生可能性や発生した場合の被害を低減できない事象や行為に対して、発生した後の連鎖被害を最小限に小さくするための対策を事前に講じること、すなわち自然災害等に備えることを、**リスク管理**と呼びます。

4）危機管理とは何か？

　これに対し、自然災害、突発的な大事故、感染症などのリスクが発生した後の混沌とした状況を収めて、連鎖被害を最小限にする活動が危機管理

6-1 リスク管理と危機管理の関係　*165*

（あるいはクライシス・マネジメント）です。

①　2つのクライシス・マネジメント

　クライシスは、2つの異なる意味で使われています。

　1つは、リスクの中でもめったに起きないような異常性の強い災害や事故、発生の影響が社会の存亡にかかわるような巨大リスク、あるいは社会的、政治的、経済的な影響が広範囲に及ぶ事態、さらには国家的な対応が必要な事態をクライシスと呼ぶものです。戦争やテロなどもクライシスに分類されます。

　この場合のクライシスは、リスクの中でも影響が大きいものを指しており、クライシスはリスクの一部、クライシス・マネジメント（もしくは危機管理）はリスク・マネジメントの一類型に分類されます。

　もう1つは、災害や事故の発生直後の、被害の情報が十分に把握できていない段階での混沌としている状況を、クライシスと呼ぶものです。

　クライシスの状況は、災害や事故などの発生から時間が経過し、情報が少しづつ把握できる段階になると、緊急度は低下していきます。緊急度は下がりますが、この段階での状況も過去の経験があまり役に立たない混乱した状況であることには変わりがありません。復旧や復興期の期間を含めて、この混乱した状況を管理するのがクライシス・マネジメント（もしくは危機管理）になります。

②　本書で呼ぶ "危機管理"

　本書では、後者、すなわち災害や事故の発生直後の混沌としている状況をクライシスと呼び、復旧や復興期の期間を含めて、混乱した状況を管理する手法を、**危機管理**と呼びます。

5）両者の関係は？

　本書のリスク管理と危機管理の関係を、災害発生の時系列に合わせて図

第6章 リスク管理と危機管理

示すると、以下のようになります。

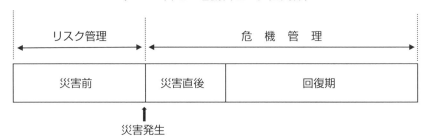

（リスク管理と危機管理の位置関係）

6-2 自然災害や感染症等に備える

繰り返しになりますが、地震や風水害などの自然災害、大規模火災などの突発的な大事故、感染症の流行などのように住民の生活に大きな影響を及ぼす事象は、内部統制を整備して事前に発生可能性を低減することは不可能です。

それにもかかわらず、地方自治体の職員は、自然災害の発生や感染症の流行の兆しが見えたら、あるいは突発的な大事故が発生したら、地域住民の財産、生命と身体を守るために直ちに行動し、それに伴う連鎖被害を最小限にするように努めなければなりません。

（災害から財産、生命・身体を守る）

落雷　　　水害　　　火災

1）一般的な対応

① 事前に体制を整備する

自然災害、突発的な大事故、感染症の流行などに対しては、それが顕在化した際に、災害救助に携わる人々がすぐに適切な行動を起こせるように組織体制や方針と手続を定め、それらをマニュアルにまとめて誰でも見ることができるように整備し、定期的に実地訓練を実施して、日ごろから万一に備えることが重要になります。

168　第6章　リスク管理と危機管理

②　備　蓄

　救助者や被害者がすぐに適切な行動を起こせるように、簡易トイレや簡易ベッド、テントや薬品、飲食料品などの備品を必要量だけ備蓄しなければなりません。

　備蓄する物品は、過去の自然災害等を経験した人の知識をもとに、災害時に必要になる物品をあぶり出し、必要量を予測し、備蓄します。

③　地域防災計画

　地域防災計画は、災害対策基本法に基づき、各地方自治体（都道府県や市町村）の長が、それぞれの防災会議に諮り、防災のために処理すべき業務などを具体的に定めた計画です。すなわち地域防災計画は、地方自治体の災害対応の計画を定めたものです。

　計画は、災害の種類ごとに、震災対策編や風水害対策編などで構成されるのが一般的です。それぞれの災害について、災害発生後の時間的経緯に沿って、**災害予防、災害直後の災害応急対策、災害復旧・復興**の3つの対応段階について記述されています。

　計画は、実施されなければ意味がありません。特に災害発生時は、皆、気が動転しています。何から手を付ければいいのか、パニックなっています。有事の際にも、計画に従った行動ができるように、防災計画の内容の周知と実地訓練を定期的に実施しなければなりません。

④　防災マニュアル（危機管理マニュアル）

　防災マニュアルは、非常時における職員の行動指針を定めたものです。上記の地域防災計画の"災害応急対策"に係る行動指針を定めています。防災マニュアルは、危機管理マニュアルと呼ばれることもあります。

　災害時には、職員がパニックに陥り、冷静な判断や行動ができなくなるおそれがあります。また、災害時における指揮命令系統と作業手順が明らかにされていないために、誰が現場の陣頭指揮を取って、誰がどのように

職員の安全確保を図りながら復旧作業を進めるのかについて、混乱を招くおそれがあります。

このような事態を防ぐために、防災マニュアルを作成し、これに示された指針に沿って行動ができるように、防災マニュアルの内容の研修と実地訓練を定期的に実施しなければなりません。

⑤ 事業継続計画（BCP）

地方自治体の事業継続計画は、地震や風水害等により、従来の行政サービスを提供する設備や職員の確保が困難になった場合において、最低限提供しなければならない行政サービスは何か、どの業務を最優先に回復するか、についての方針と手続を定めたものです。

災害の規模によっては、行政サービスを提供していた庁舎が使用できなくなる場合もあります。それに備えて、代替の場所の確保と、最低限の行政サービスの提供に必要な設備を予備で確保しておくことも、必要です。

この事業継続計画は、英語名（Business Continuity Plan）の頭文字を採って BCP と呼ばれています。

事業継続計画は、災害発生後において、各職員が実際に行動すべきことを定めています。したがって、事業継続計画の内容は全職員に理解されなければ意味がありません。そこで、事業継続計画は、詳細さよりも、わかりやすさを優先して作成します。

災害時において、事業継続計画を円滑に実行に移せるように、職員に対する内容の周知と実地訓練が定期的に必要なのは、言うまでもありません。

⑥ 事業継続マニュアル

事業継続マニュアルは、事業継続計画（BCP）の具体的な手順を示すものです。事業継続マニュアルでは、災害が発生したときに、どのような方針で復旧にとりかかるのか、その手順をどうするかなどを定めます。

170　第6章　リスク管理と危機管理

　仮に災害が発生したとき、職員の対応が遅れて地域住民の被害を拡大させたりした場合、地方自治体の信用の失墜に繋がりかねません。地震や風水害が増えている昨今、事業継続マニュアルを作成し、万が一に備えておくことは地方自治体の義務とも言えるでしょう。そしてこれは、地方自治体への信用確保にもつながります。

　事業継続マニュアルは、非常時の意思伝達を円滑に行い、的確な対処が可能になるように作成しなければなりません。具体的には、以下のような点を明確に定めます。

- 継続する各事務の責任者を明確にする
- 担当者と優先する事務の手順を明確にする
- 必要であれば、代替拠点と応援要員の確保の方法を明確にする

　さらに、事業継続マニュアルの内容を職員に研修等で周知し、事業継続マニュアルに沿って、定期的に職員の実地訓練を実施します。そのうえで、明らかになった問題点に基づいて、業務継続マニュアルの内容を常にアップデートしていきます。

　防災計画や防災マニュアル、事業継続計画や事業継続マニュアルの内容や作成方法、被害者の避難所の設置と運営については、所轄官庁から指針が出されており、また類書が多数出版されているので、それらを参考にしてください。

---

2) 地震災害の特徴と対応

① 災害の特徴

　地震は、ある面を境として岩盤が急激にずれる現象です。この岩盤の急激なずれによる揺れ（地震波）が地表に達すると地表が「揺れ」ます。私たちは、この地表面の揺れのことを地震と呼んでいます。

　地震の揺れの時間は10〜20秒、長くとも30秒程度ですが、実際に体験すると、この何倍にも感じられることがあります。この短い時間内に、

6-2　自然災害や感染症等に備える　*171*

広い範囲に渡って家屋やビルの倒壊、道路の寸断、土砂崩れなどの被害を引き起します。水道、ガス、電気、通信などの生活インフラが破壊されることも少なくありません。

ちなみに、東北地方太平洋沖地震の揺れは長く160秒間続き、甚大な被害を出しました。

海底の岩盤がずれたことによる地震では津波が発生し、家屋やビル、道路や諸施設が一瞬にして消滅する被害を受けることもあります。

倒壊した家屋やビルの下敷きになり、あるいは津波にのみ込まれて、多数の人命が失われ、あるいは行方不明者が出ることもあります。

とにかく、一瞬にして、人的・財産的に大きな被害を引き起こすというのが、地震災害の特徴です。

②　事前準備（災害予防）

個人が地震から身を守るためには、事前の備えがとても大切です。平時から家具の耐震固定や建物の耐震補強、非常用持ち出し品の用意、避難場所の確認などが必要です。

地方自治体は、各家庭で上記の準備が確実に行われるように、講演会やセミナー、各地区の**地区防災計画**の策定支援などを通じて、各家庭を指導する必要があります。

地方自治体はまた、地域防災計画で避難場所に指定された箇所では、予想される避難人数に合わせて、飲料と食料、簡易トイレやベッドの**備蓄**をする必要があります。

被災した地域住民が公的支援を受けるための各種申請手続に必要な**証明書の発行**なども、直ぐに必要になります。

被災後すぐにこれらの活動ができるように、地方自治体は**防災マニュアル**や**事業継続計画・事業継続マニュアル**などを整備します。防災マニュアルや事業継続計画・事業継続マニュアルなどは、簡潔明瞭を心がけて作成

し、誰でもが、いつでも見られる形で保管します。鍵のかかる倉庫に保管するなど、もってのほかです。

防災マニュアルや事業継続マニュアルに定めた行動が円滑に行えるように、その内容については全職員に**研修等**で周知徹底します。研修には、全職員が対象の基礎研修、階層別研修、管理職昇格時研修、地震対策本部のメンバーとなる幹部の研修などがあります。これらの研修の中で、防災マニュアルや事業継続マニュアルの内容を周知します。

周知に加え、定期的な**実地訓練**も必要になります。訓練には、安否確認訓練や避難訓練などの実動訓練と、地震対策本部運営訓練などのシミュレーショで行う図上訓練があります。

訓練の目的は、防災マニュアルや業務継続マニュアルの内容を体で覚えることの他に、マニュアルに記載されている現在の計画や備えで、どこまで対応できるのかを知ること、そして十分なレベルの対応をするために必要であるが欠けている事項を洗い出し、それに基づいてマニュアルを改訂していくことにあります。

地震が発生した際の被害者を収容する**避難所**としては、学校の体育館やグラウンド、公共用の施設などが充てられます。避難所に充当する可能性のある施設側とは、事前に転用の可能性について打ち合わせをしておきます。また、実際に使用できる場所の数や収容可能人数なども、事前に確認しておきます。避難所の運営訓練も、定期的に実施します。

被災者の救助や食事の提供に必要な備品や薬品、飲食料品は、必要になる数を見積もって、備蓄しておきます。効果や消費に期限があるものは、期限年限ごとに在庫を把握し、定期的に買い替えを行います。期限が迫って買い替えの対象になったものは、食料等の援助を行っている NPO 法人等へ無償で提供することも可能です。

6-2 自然災害や感染症等に備える **173**

（地区防災計画とは？）

　従来、防災計画としては、国が定める総合的かつ長期的な**防災基本計画**と、都道府県及び市町村が定める**地域防災計画**があり、それぞれのレベルで防災活動を実施してきました。

　さらに、2011 年に発生した東北地方太平洋沖地震の教訓を活かして、地域コミュニティにおける共助による防災活動の推進の観点から、**市町村内の一定の地区**の居住者及び事業者が行う自発的な防災活動に関する**地区防災計画**制度が 2014 年に創設されました。

　地区内の居住者等が地区防災計画について理解を深め、地区防災計画を実際に作成したり、計画提案を行ったりする際に活用できるように、制度の背景、計画の基本的な考え方、計画の内容、計画提案の手続、計画の実践と検証等について説明した**地区防災計画ガイドライン**が、内閣府から公表されています。

---

③　発生直後の活動（災害応急対策）

　地震発生後は、まず、職員や住民の**安否確認**を実施します。次に**被害状況の確認**です。職員や地域住民の安否、及び被害の状況が確認できたら、その規模に応じて、救急車や消防者の手配、自衛隊への災害派遣の要請などを行います。

　また、地域住民が緊急で必要とする支援を実施するために、職員及び設備を確保しなければなりません。他の地方自治体に対して応援職員の派遣を要請しなければならないかもしれません。

　地震発生後の緊急対策として、すぐに避難所を確保しなければなりません。事前に同意してもらっていた施設を借用し、避難所として活用します。避難者が到着したら、滞在区域の割当や食事の提供などの**避難所の運営**が、すぐに始まります。

　これらは、防災マニュアルや事業継続マニュアルに従って実施します。

174　第6章　リスク管理と危機管理

ここでは、日頃の訓練が物を言います。「訓練でできないことは、実戦でもできない」ことを、忘れてはいけません。

　これらの活動を効率的に、かつ効果的に行うために、防災マニュアルや業務継続マニュアルにしたがって、**地震災害対策本部**を立ち上げます。メンバーは、自治体の幹部職員で構成します。専門家の支援を仰ぐこともあります。この組織は、マスコミ対応もすることになるので、広報などの経験者を必ずメンバーに加えます。

　災害現場や関係機関からの情報が適時・的確に地震災害対策本部へ伝わるように、情報伝達のチャネルも整備します。

④　生活・産業の回復（災害復旧・復興）

　生活の回復には、まず電気、ガス、上下水道という**生活インフラの回復**が必要です。家屋が倒壊した人に対しては、仮設住宅を斡旋する必要もあります。

　倒壊した家屋の後片付け等のために、ボランティアで参加してくれる人たちがいます。地方自治体の職員は、ボランティアの申込受付、宿泊所や食事の確保なども、担わなければなりません。このような経験のある職員の派遣を他の地方自治体へ要請することも検討しなければなりません。

　産業の回復には、通信や交通の確保、サプライチェーンの確保などが必要になります。その土地の伝統工芸の復活は、ぜひとも成し遂げたいものです。さらに、時代にあった新しい産業の誘致も候補に上がるかもしれません。これは、10年単位で取り組む事業になります。

3）風水害の特徴と対応

①　災害の特徴

　風水害は、風と水による災害です。風による災害の代表は台風や暴風による災害です。水による災害は、台風や暴風を伴う大雨による災害と、風を伴わない大雨による災害があります。近年は、ゲリラ豪雨や線状降水帯

の発生による大雨など、風を伴わない大雨の被害が多発しています。

　風水害の被害が及ぶ範囲は地震よりも狭いのですが、それでも、洪水による家屋の流失、道路の寸断、土砂崩れによる家屋やビルの倒壊、などの被害が発生します。水道、ガス、電気、通信などの生活インフラが破壊されることもあります。

　もちろん人命が失われることもあります。風水害でなくなる人の約5割は土砂災害に巻き込まれた人で、次に洪水に流された、増水した川に転落した人が、それぞれ2割前後で続きます。

　地震は、前触れもなく、突然起こりますが、風水害は、その発生の数日前から予測が可能です。状況の変化に応じて、避難警報などが発令されるので、地域住民は、それにしたがって行動することが可能です。

　他方、地震の揺れは10～30秒で収まりますが、風水害はまる1日、長ければ2～3日に及ぶこともあります。その間、ずっと被害が発生し続けるというのが、風水害の被害の特徴です。

（風水害は2～3日続くこともある）

② **事前準備（災害予防）**

　風水害対策の基本は、人的及び財産的被害の最小化です。地方自治体は、平時においては河川改修などの治水事業を行い、ハザードマップの作成と地域住民への交付、被害予想地域の周知、避難場所の周知などを行います。

　地域防災計画で避難場所に指定された箇所では、予想される避難人数に合わせて、飲料と食料、簡易トイレや簡易ベッドの備蓄をします。

　有事においては、的確な情報を適時・適切に地域住民へ提供する、避難

警報の発令、地域住民の避難場所への誘導、などを行います。地方自治体が発する避難警報などの警報を、住民が勝手に解釈したり、真剣に考えたりしないで、被害に巻き込まれることも少なくありません。警報の意味や避難する際の持ち物、避難経路などについては、住民が納得して受け入れるレベルまでの周知が必要です。

　有事の際に、地方自治体の職員が必要な行動を円滑に展開できるように、防災マニュアルや事業継続計画・事業継続マニュアルなどを整備し、それを研修等で職員間に周知徹底すること、防災マニュアルや事業継続計画・事業継続マニュアルなどは、簡潔明瞭を心がけて作成し、誰でもが、いつでも見られる形で保管すること、防災マニュアルや事業継続マニュアルに定めた行動が円滑に行えるように定期的な実地訓練を実施する必要があることは、地震の場合と同じです。

　被災者の救助や食事の提供に必要な備品や薬品、飲食料品は、必要になる数を見積もって備蓄しておく点も、地震の場合と同じです。

　風水害の場合は、被害の及ぶ範囲が地震の場合よりも狭いので、災害時に必要な物資の相互融通に関して他の地方自治体と協定を結ぶことも有効であるとされています。

③　発生後の活動（災害応急対策）

　繰り返しになりますが、風水害はまる１日、長ければ２～３日に及ぶこともあります。その間、ずっと被害が発生し続けます。

　被害が発生していることがわかっていても、すぐには救助に行けないのが風水害の特徴です。なぜなら、台風が猛威をふるっている間や、大雨が降っている間は、救助に向かった人が二次災害に合う危険性があるからです。救助は、風が収まってから、大雨が止んでから始めざるを得ません。

　台風や大雨では、道路の寸断、土砂崩れによる家屋やビルの倒壊、などの被害が多発します。地震でもそうですが、家屋の下敷きなった人や土砂にのみこまれた人の救助には、重機が欠かせません。しかし、地方自治体

6-2 自然災害や感染症等に備える 177

が重機を保有していることは稀です。地方自治体は急いで、建設会社や重機のレンタル会社からオペレータと一緒に重機を借り受けて、確保しなければなりません。

地方自治体はまた、家屋が倒壊した人で、自力で住居を確保できない人のために、避難所を確保しなければなりません。避難所での生活は、不便を強いられます。中には、ストレスで体調を崩す人も現れます。したがって、避難所では、物理的な支援のみならず、精神的な支援も必要になります。これは地震の際の避難所での生活でも当てはまります。

④ 生活・産業の回復（災害復旧・復興）

生活や産業の回復も課題です。生活や産業の回復は、地震の場合と、同じような活動が必要になります。

4）感染症災害の特徴と対応

① 災害の特徴

感染症の流行には、その規模に応じて、エンデミック、エピデミック、パンデミックの3つがあります。

エンデミックは、ある感染症が一定の地域に広がるもので、比較的緩やかに広がり、罹患者も**予測の範囲を超えない**ものをいいます。

エピデミックは、ある国、およびその近隣諸国などの一定の地域において広がるもので、罹患者が通常の**予測を超えて大量**に発生することをいいます。

パンデミックは、感染症が**世界的規模で流行**するものです。

感染症にかかると、死亡する事例もありますし、治療が終了したあとに後遺症を発する人も少なくありません。現代は、輸送手段が世界的に発達し、地球規模で人口が増加しており、また都市への人口集中などの現象が起きており、パンデミックが起きやすい状況にあります。

最近では、2019年12月8日に、中国の湖北省武漢で最初に感染者が確

認された新型コロナウイルスの感染症が世界的に流行しました。**世界保健機関は**、2020年1月に「国際的に懸念される公衆衛生上の緊急事態」としてパンデミックを宣言しました。**緊急事態宣言の終了**が宣言されたのは、2023年5月5日でした。

近年では鳥インフルエンザや新型インフルエンザの発生によるパンデミックが脅威となっています。日本では、鳥インフルエンザの人間への発症は報告されていませんが、発症すれば数十万人規模の死亡者が出ると推計されています。

感染症の流行は、季節的なインフルエンザの流行などを除けば、数年～数十年に一度、起こるか、起こらないかの災害です。頻度は高くないのですが、災害の及ぶ期間が数ヶ月、あるいは数年となるなど、長期間に渡るという特徴があります。

感染症の流行期間中は、多くの人がワクチン接種のために医療機関に押し寄せ、通常の医療行為に支障が出ることもあります。また人々の行動が制限されるためストレスを抱え込む人も多発し、経済活動の停滞も起こります。収入を獲得する手段を失う人も多くなり、政府や地方自治体による経済的援助の必要性が高まります。

② **事前準備（災害予防）**

感染症に対して地方自治体は、地域住民と職員の生命・身体の安全確保を最優先とし、感染者を出さないという感染予防策と、感染者を増やさないという感染拡大防止策を実行し、地方自治体の通常業務を安定的に継続することが求められます。

感染予防策としては、職員の体力や睡眠の確保により体調管理の強化を図る、マスクを配布し着用を義務付ける、手洗いの励行、消毒や換気の強化、在宅勤務の奨励、チーム編成による交代制勤務の導入、会議や出張の制限、などの措置を取り、感染リスクを低減させます。これを徹底することで、庁舎へ来庁する地域住民をも感染から守ることができます。

6-2 自然災害や感染症等に備える **179**

　万が一、感染者がでた場合に備えて、濃厚接触者の特定、感染者が触れた場所の消毒、立入禁止場所の設定などの手続について、事前に定めておく必要があります。

　感染者が発生した場合にその司令塔となる感染症対策本部の設置、対策本部の運営に関する手続も事前に整備します。地域住民からの問い合わせへの対応や感染者に関する情報の保健所への伝達ルート、感染者の隔離・避難所への誘導についての手続についても事前に整備しておきます。避難所の運営についてもマニュアルを整備しておきます。

　これらの整備した手続が円滑に実施されるように、研修などを通じて関係する人にその内容について周知徹底し、定期的に実地訓練を実施します。

　予防接種の会場や担当医師の員数、感染者の避難所についても、感染症の発生を見越して、関係団体との協議や提携の合意などを通じて、事前に確保の道筋をつけておきます。感染予防に必要な備品を事前に確保しておくことも必要です。

③　発生後の活動（災害応急対策）

　感染症の流行が確認されたら、直ちに感染症対策本部を発足させます。感染症に関する事務に携わる職員は、この対策本部の指示のもとに行動します。そのためにも、感染者に関する情報はすべてこの対策本部に集まるように、情報の伝達ルートを確保する必要があります。

　地方自治体の行政サービスは、地方自治体でしか受けられません。感染症が拡大したからと言って、閉庁するというわけにはいきません。そこで、地方自治体が提供する行政サービスのうち、安定的に継続しなければならない行政サービスと、一時中断して後回しにしても良いと思われる行政サービスを選別します。

　一時中断してもよい行政サービスに携わっている人を安定的に継続しなければならないサービスの提供に当たらせ、継続する行政サービに従事す

180　　第6章　リスク管理と危機管理

る職員の欠員を補充する、チームを編成して交代で業務に当たらせる、などの対策を実施します。

　避難所は、感染した人、もしくは感染の疑いのある人の集まりです。そこには、感染者の世話をする感染していない職員も出入りします。そこでは、世話をする職員の感染を防止する措置を講じることが重要になります。

　避難所の運営にあたっての留意事項については、所轄官庁や関係団体から様々な指針が出ているので、それを参考にしてください。

④　生活・産業の回復（災害復旧・復興）

　感染症の流行が終了すれば、人々の活動も、前の日常に戻ります。人々の活動が元に戻れば、少し時間は掛かりますが、経済活動も復活し、収入を得る道も拓けてきます。

　しかし、感染した人の中には、倦怠感などの後遺症が残るケースもあります。これが長引くと、学校や仕事に行けなくなるケースもあります。症状によっては、経済的に大きな支障を被る人も少なくありません。

　このような人に直接的な財政支援をする制度として、労災保険、健康保険制度の傷病手当金、障害年金などの給付などがあります。

　地方自治体としては、後遺症に悩む人に症状に応じた医療機関を紹介する、公的な財政支援の申請を支援する、などの対応が求められます。

6-3 職員の不祥事行為に備える

1）不祥事行為と懲戒処分

① 懲戒処分の種類

　公務員の懲戒処分とは、公務員の不祥事行為に対して科せられる処分のことです。懲戒処分には、以下の免職、停職、減給、戒告の４つがあります。

（種類）	（内　　容）
免職	公務員としての身分を失わせる処分
停職	一定期間、職務に従事させない（無給）処分
減給	一定期間、給料の５分の１以下の金額を減額する処分
戒告	将来を戒める処分

② 処分量定の決定

　2020年４月１日に改訂された人事院の「懲戒処分の指針について」は、具体的な処分量定（免職、停職、減給、戒告）の決定に当たっては、以下の事項のほか、日頃の勤務態度や非違行為後の対応等も含め総合的に考慮の上判断するとしています。

- 非違行為の動機、態様及び結果はどのようなものであったか
- 故意または過失の度合いはどの程度であったか
- 非違行為を行った職員の職責はどのようなものであったか、その職責は非違行為との関係でどのように評価すべきか
- 他の職員及び社会に与える影響はどのようなものであるか
- 過去に非違行為を行っているか

ただし、以下の場合は、免職になります。

182　第6章　リスク管理と危機管理

- 不正な利益を得る目的で、故意にした情報漏洩
- 役所の財産の横領、詐取、窃取
- 放火・殺人
- 暴行または脅迫を用いた他人の財物の強取
- 麻薬等の所持等
- 酒酔い運転で人を死亡させ、または人に傷害を負わせた
- 酒気帯び運転で人を死亡させ、または人に傷害を負わせ、事故後の救護を怠る等の措置義務違反をした

　各地方自治体は、自治体の職員の懲戒処分の指針を条例で定めていますが、どの地方自治体も、ほぼ人事院の指針を踏襲しているものと思われます。

　なお非違行為とは、違法行為や服務規程に違反する行為です。不祥事行為と呼ばれることもあります。

③　処分の対象となる不祥事行為（非違行為）

　前記「懲戒処分の指針について」によると処分の対象となる不祥事行為（非違行為）には、以下のものがあります。

一般服務関係	(1)　欠勤
	(2)　遅刻・早退
	(3)　休暇の虚偽申請
	(4)　勤務態度不良
	(5)　職場内秩序を乱す行為
	(6)　虚偽報告
	(7)　違法な職員団体活動
	(8)　秘密漏えい
	(9)　政治的目的を有する文書の配布
	(10)　兼業の承認等を得る手続のけ怠

6-3　職員の不祥事行為に備える　**183**

	⑾	入札談合等に関与する行為
	⑿	個人の秘密情報の目的外収集
	⒀	公文書の不適正な取扱い（偽造、変造、虚偽の公文書の作成、公文書の毀棄等）
	⒁	セクシュアル・ハラスメント
	⒂	パワー・ハラスメント
公金官物取扱い関係	⑴	横領
	⑵	窃取
	⑶	詐取
	⑷	紛失
	⑸	盗難
	⑹	官物損壊
	⑺	失火
	⑻	諸給与の違法支払・不適正受給
	⑼	公金官物処理不適正
	⑽	コンピュータの不適正使用
公務外非行関係	⑴	放火
	⑵	殺人
	⑶	傷害
	⑷	暴行・けんか
	⑸	器物損壊
	⑹	横領
	⑺	窃盗・強盗
	⑻	詐欺・恐喝
	⑼	賭博
	⑽	麻薬等の所持等
	⑾	酩酊による粗野な言動等

	(12)	淫行
	(13)	痴漢行為
	(14)	盗撮行為
飲酒運転・交通事故・交通法規違反関係	(1)	飲酒運転
	(2)	飲酒運転以外での交通事故（人身事故を伴うもの）
	(3)	飲酒運転以外の交通法規違反
監督責任関係	(1)	指導監督不適正
	(2)	非行の隠ぺい、黙認

④ 不祥事行為と不法行為・不正行為等

　人事院の「懲戒処分の指針について」は、上記のように懲戒処分の対象になる不祥事行為をリストアップしています。

　これを参考に、地方自治体の事務に係る職員の不祥事行為を類型化すると、以下のようになります。

　まず、法令等の遵守に違反する行為（不法行為）です。これは、法律で禁止されている行為をやること、義務になっている行為をやらないことが該当します。

　次に、不法行為ではないが不正行為に該当するものです。結果として刑法の詐欺罪に問われる行為も含まれます。不正行為は、組織の服務規程に違反する行為も含みます。

　さらには、社会一般に認められる倫理的な価値観を無視した行為、社会の常識や良識に反する行為で地方自治体の事務に関するものは、地方自治体の信用を失墜させる可能性があるので、不祥事行為の１つとして捉える必要があります。

6-3 職員の不祥事行為に備える　**185**

すなわち、不祥事行為は、以下の4つに分かれます。

不祥事行為	• 不法行為 • 不正行為（服務規定違反を含む） • 非倫理的行為 • 社会の常識・良識に反する行為

　すなわち不祥事行為は、**図表5－1**の⑤法令等の遵守に係るリスク、⑥不正行為に係るリスク、⑦倫理観の保持に係るリスクに該当すると言うことができます。

　これらの不祥事行為は、職員が意識的にやる場合と、行きがかり上つい禁止行為をやってしまう、あるいはうっかりして義務行為を失念してしまう場合とがあると考えられます。

2) 不祥事行為の防止

① 不祥事行為の防止と内部統制

　導入・実施ガイドラインは「内部統制とは、基本的に、①業務の効率的かつ効果的な遂行、②報告の信頼性の確保、③業務に係る法令等の遵守、④資産の保全の4つの目的が達成されないリスクを一定の水準以下に抑えることを確保するために、業務に組み込まれ、組織内のすべてのものによって遂行されるプロセス」であるとしています。

　したがって、地方自治体の職員が、職務の執行、すなわち公務でなす可能性がある不祥事行為に対しては、発生可能性を低減し、発生した場合の影響を低減するために、内部統制を整備しなければなりません。

　他方、導入・実施ガイドラインは「公務外における飲酒運転等の公務外の信用失墜行為については、地方公共団体の事務処理の適性を目的とする本ガイドラインにおける内部統制の範囲から除外する」としています。

　しかしながら、公務外で職員が飲酒運転や非倫理的行為、社会の常識・良識に反する行為などの不祥事を引き起こした場合であっても、地方自治体は何らかの対応を迫られます。この結果、本来の事務手続の効率的な遂

行が妨げられることになります。これは、地方自治体の内部統制の目的に反します。

　すなわち、公務外における飲酒運転等による信用失墜の影響の拡大を防ぐために、何らかの内部統制を整備して、発生の可能性を十分に適切なレベルまで低減する必要があるのです。

（信用失墜はリスクではなく、結果です）

　地方自治体の**目的は住民の福祉の増進**を図ることであり、この**目的の達成を阻害する事務上の要因**がリスクです。

　信用失墜は、法令等違反の行為、不正行為、倫理的な価値観を無視した行為、社会の常識や良識に反する行為など、**組織目的の達成を阻害する事務上の要因**（リスク）が実現した結果生じるもので、リスクそのものではありません。

　しかしながら、地方自治体に対する地域住民からの信用失墜は、住民の福祉の増進という地方自治体の目的を達成するために展開するその後の施策の遂行に好ましくない影響を与えることは、間違いありません。

---

②　効果的な内部統制

　地方自治体の事務に関する法令等に違反する行為や不正行為については、**図表５－７**の基幹事務や**図表５－10**の行政サービスの事務フローの内容を理解することによって、発生する可能性がある箇所を業務レベルで識別することができます。

　したがって、これらの行為に対しては、「第５章　５－２　3）リスクに対する内部統制の例」で示した統制活動を参照して、上司の日常的なモニタリング活動や、承認・職務の分離などの統制活動を業務レベルで設計・導入することによって、不祥事行為が発生する可能性と発生した場合の影響を十分に適切なレベルまで低減する内部統制を整備することが可能です。

6-3 職員の不祥事行為に備える　*187*

　これに対し、"つい、うっかり"や、倫理的な価値観を無視した行為、社会の常識や良識に反する行為については幅が広く、業務レベルで内部統制を整備するのは、経済的に不合理です。そこで、これらの行為に対しては統制環境やモニタリングを中心とした全庁的な内部統制を整備して発生可能性を低減するのが、効率的で効果的です。

　すでに取り上げたように、統制環境やモニタリングを中心とした全庁的な内部統制の整備は、業務レベルで発生する可能性がある不正行為や何らかの法令等に違反する行為に対しても、その発生可能性を低減する効果が認められています。

③　全庁的な内部統制の例

　不祥事防止に効果がある全庁的な内部統制の例としては、以下のようなものがあります。

- 行動規準、職務規定等に、不法行為の禁止、規定等の遵守、倫理規定等の遵守の義務を定める
- 懲戒処分の指針を定める
- 研修等を実施して、行動規範や職務規定、懲戒処分の指針の内容を全職員へ周知徹底する
- 職員による不法行為、法令等違反、倫理規定違反、あるいはその恐れがある行為を発見した職員が、その事実を倫理委員会、不正防止委員会などに通報する社内通報制度を導入する
- 部下が不法行為、法令等違反や倫理規定違反の行為に及ぶおそれがある場合は、部下に声がけをすることを上級職位にある者に対して義務付ける
- 全職員、もしくは幹部職員から、不法行為、不正行為、非倫理的行為、社会の常識や良識に反する行為、公務外に不祥事行為をしていないこと、今後もしないことを宣誓する書面を、1年に1回程度、受け取る

　このような内部統制を整備することによって、"つい、うっかり"や、

188　第6章　リスク管理と危機管理

倫理的な価値観を無視した行為、社会の常識や良識に反する行為のみならず、不法行為や何らかの規定等に違反する行為の発生可能性を、かなりの確率で低減する効果が得られます。

　行動規準や倫理規定、懲罰規定などの統制環境に属する全庁的な内部統制の整備は、公務外の不祥事に対しても、効果を発揮します。

3）不祥事行為が発生した場合の対応

　不祥事行為が発生した場合は、たとえそれが公務外の行為であっても、地方自治体の信用を失墜させる可能性がかなり高いものがあります。したがって地方自治体は、何らかの対応を実施し、信用失墜の影響が拡大するのを最小限に抑えなければなりません。

　その代表が、不祥事発生の直後に実施する危機管理広報（リスク・コミュニケーションとも呼ばれる）です。

①　危機管理広報

　危機管理広報は、地震や風水害、突発的な大事故、感染症の流行などの際にも必要ですが、事故の発生原因が職員にある不祥事の場合には、一層重要になります。特に、それが地方自治体の現金や有価証券、その他の動産や不動産など、地方自治体の財産に関わるものである場合は、より一層重要になります。

　なぜなら、それらの地方自治体の財産は、地域住民が納付した税金等によって取得されたものであり、これは、地域住民にとって公平に使用・配分されるべきものだからです。

　ところが、これが一部の人に還流した場合は、地域住民の不公平感が最大になり、地方自治体に対する信用失墜の度合いも大きくなります。

　危機管理広報で特に重要になるのが、マスコミ対応です。マスコミの記者は記事を書くのが仕事です。しかも他社の記者よりも優れた記事を書くことを目指しています。まだ明らかになっていない事実、これまでの事実

と異なる事実などは、優れた記事の格好の材料になります。不祥事の発生直後は、記者はこぞってこれらの事実をつかもうとしています。

　不祥事を起こした職員が所属する地方自治体が記者会見などで情報を公開しないと、記者は自分の足で情報を集めようとし、自治体の職員や関係者にインタビューをします。もしかしたら、事実と違う、あるいは首長のスタンスと違う意見が職員や関係者からもたらされ、それが首長の見解のように報道されてしまう可能性もあります。

② 記者会見での留意点

　これを防ぐには、地方自治体の危機管理広報担当部局は、速やかに記者会見を開き、事実関係、首長のスタンスなどを、適時にマスコミに提供しなければなりません。

　マスコミは、不祥事の事実関係、その原因、不祥事後の経過、今後の自治体の対応、などに関心を持っているといわれます。したがって、記者会見でもこの点を正確に伝える必要があります。憶測やあやふやな内容は伝えるべきではありません。

　後日、それらが事実と異なっていることが判明した際は、マスコミから強烈な批判を浴び、地域住民の反感や不信感を買い、地方自治体の信用に長期的なダメージを及ぼす危険性が高くなります。

　以下に、記者会見で留意する点を取り上げました。

－地域住民の目－

　記者会見では、記者の背後に何万、何十万人という地域住民や関係者がいることを意識して、それらの者に配慮した対応が求められます。

　遠慮のない、鋭い記者の質問に「つい感情的な対応」をしてしまってはなりません。「感情的な対応」がテレビで報道されて、地域住民の反感を買い、自治体に対する信用失墜を拡大させてしまうこともあります。

190　　第６章　リスク管理と危機管理

－社会の視点－

　マスコミとの会見や、被害者、地域住民との会見では、社会的基準を考えて発言をしなければなりません。危機管理広報担当者独自の価値基準や、過去の常識を振りかざしては、社会的な指弾を受ける恐れがあります。

　地域住民のほとんどは、テレビや新聞の報道を通じて不祥事の実態を知ることになります。テレビ記者や新聞記者を納得させられないような曖昧な、あるいは内容のない発表は、地域住民も納得させられないことを肝に銘じなければなりません。

　また、自治体の職員が違法なことを行っていないことを強調しすぎると、「法律違反でなければ何をしても良いと思っているのか」という反感をかうことにもなりかねませんので、注意が必要です。

－事実の公表－

　嘘やごまかしは後でばれたときに、さらに重大な事態を引き起こします。記者会見では、正直に事実の公表を行います。わからないことはわからないと、はっきり言います。あいまいな対応は誤解を生み、地域住民、職員に不安や不信感を与え、自治体の信用失墜のダメージを大きくする原因になります。

　地域住民や関係者などの不安や憶測、疑惑などを防ぐために、たとえ自治体にとって不利な情報でも、事実であれば公表すべきです。

　記者会見は、情報の統一を行うために責任者を決めて、その者が行います。何人もの人が記者会見を行い、異なる意見を述べてはなりません。

　メディアの後ろには、多くの地域住民や関係者がいることを理解して、適切な会見ができるように、記者会見を行う首長や副首長、各部局長に対してメディア・トレーニングを定期的に実施し、記者会見の訓練を受けることが望まれます。

6-3 職員の不祥事行為に備える　*191*

－具体的な対策－

　不祥事を起こしてしまった職員を抱える自治体は、多かれ少なかれ、地域住民、及び社会の信用を失ってしまっています。

　この失ってしまった信用を回復するには、「再発を防ぐためにどのような対策を立てるのか」を公表しなければなりません。「一生懸命やる」という程度の抽象的な精神論だけでなく、具体的な策を表明し、自治体としての誠実性を示さなければなりません。

終 章

行政サービスの
品質改善に向けて

1）行政サービスが目指すもの

　繰り返しになりますが、地方自治体の事務の執行が**法令に適合し、かつ、適正に行われる**ことを確保するために定めた方針に基づいて整備した体制を、内部統制といいます。

　内部統制は、①業務の効率的かつ効果的な遂行、②報告の信頼性の確保、③業務に係る法令等の遵守、④資産の保全の4つの目的を達成するために整備します。

　したがって、行政サービスを提供する自治体の職員の事務が**効率的でない**、もしくは**効果的でない**場合は、**事務の適正な執行から逸脱**することになります。

2）自治体の職員と住民の感覚的ギャップ

　言い古された言葉に"役所仕事"というのがあります。"役所仕事"と言われる行政サービスを提供するプロセスは、自治体の職員にしてみれば「特に異質ではない、ごく普通の仕事」なのかも知れません。

　しかし、行政サービスを受ける住民からすれば、納得しがたい行政サービスも存在するということではないのでしょうか？

　行政サービスを提供する側は「いつものサービスを提供している」と考え、サービスを受ける側は「サービスの質がイマイチ」であると失望する場面が生じていると考えられるわけですが、何故このようなことが起きるのでしょうか？

　その理由の1つとして、民間会社のサービスを受ける機会が多々ある住民は「民間会社のサービスと比較すると、行政サービスには品質改善の余地がある」と感じる機会が数多く存在するからであると想像されます。

3）品質に無関心になる背景

① サービス提供システムの比較

　自治体の職員がサービスの品質に無関心になる背景を明らかにするために、民間会社と地方自治体のサービス提供のプロセスを下の図で比較してみました。

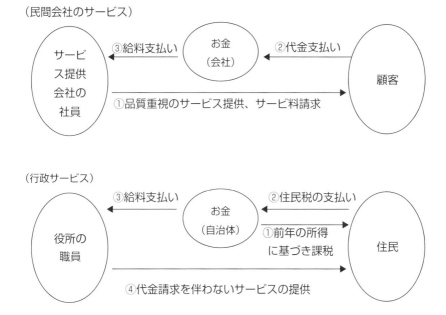

　上記の上の図は、民間会社のサービス提供のプロセスです。民間会社の社員は、顧客にお金を支払ってもらうために、そして何度も来店してもらえるように、品質を重視したサービスを提供し、顧客が支払った代金の中から給料の支払いを受けます。

　下の図は、自治体の行政サービス提供のプロセスです。自治体の職員は、サービスの提供の有無にかかわらず、住民が支払った税金の中から給

料の支払いを受けます。そして、住民が来庁し、サービス窓口に現れたときにサービスを提供します。このサービス提供には、サービス料金の請求は伴いません[*]。

すなわち自治体の職員は、顧客に支払ってもらうサービス料金の有無や大きさを気にせずに、サービスを提供することができるのです。

（＊）住民が行政サービスを受ける際に、受益者負担の原則に基づき手数料や使用料を支払いますが、これは地方自治体の歳入総額の約 2.0 ％にすぎず、行政サービスを提供するための費用の大部分は税金で負担されている（公費負担）ために、ここでは、手数料及び使用料の議論は省略します。

② 意識の違い

民間会社といえども、サービスの品質に無頓着で、おざなりな対応をする社員はいます。しかし、多くの社員は顧客が満足するサービスの提供に奮闘しています。

なぜなら、民間会社の場合、提供されたサービスに顧客が満足しなければ、顧客はサービスの良い同業他社に流れ、二度と来店してくれなくなるからです。そうなれば、サービスを提供する会社の売上が伸びず、あるいは減少し、社員の昇給も望めなくなり、もしかしたら、解雇の憂き目に合うかも知れません。

地方自治体の職員の中にも、地域住民の福祉のために、自己を犠牲にしてまでも行政サービスの提供に奮闘する職員もたくさんいます。しかし、サービス提供の品質に無関心な職員も少なからず在籍するのも、事実なのではないでしょうか？

それにもかかわらず、地域住民が行政サービスを受けられる地方自治体は1箇所しかありません。仮に行政サービスの質に不満足でも、その自治体の行政サービスに頼る以外は術がない地域住民は、居住する自治体へ税金を納めることを回避することはできないのです。

4）内部統制整備の意義

　それゆえに、何度も本書で繰り返してきましたが、地方自治体は、住民の福祉の増進に努めるとともに、最小の経費で最大の効果を挙げるように、事務を処理しなければなりません。そのために整備するのが、内部統制です。

　内部統制は4つの目的を達成する確率を高めるために、業務に組み込まれ、組織内のすべてのものによって遂行されるプロセスです。

　言い換えれば、4つの目的を達成する内部統制が組み込まれた事務手続を確立（整備）し、これを業務マニュアル等の名目で誰でもが見られる形で保存すれば、自治体職員の誰でもが均一化されたサービスを提供できる可能性が高まります。

　その結果、住民の福祉の増進に資する行政サービスを、最小の経費で最大効果のサービスを提供できるようになると考えられます。

198　終 章　行政サービスの品質改善に向けて

〈参考文献〉

「地方自治体の内部統制」石川恵子著（中央経済社刊）

「地方公共団体の内部統制の実務」久保直生・川口明浩編著（中央経済社刊）

「地方自治体のリスク管理・危機管理」森健著（商事法務刊）

「地方自治法」池村好道、西原雄二編（弘文堂刊）

「実践ビジネス・リスク・マネジメント」土田義憲著（大蔵財務協会）

「内部統制の実務　第2版」土田義憲著（中央経済社刊）

著者プロフィール

土田 義憲（つちだ よしのり）
著述業、公認会計士
新日本監査法人シニアパートナー、国際教養大学客員教授を経て、現職

【主な著書】
『これならわかる内部統制整備の手続』（ロギカ書房）
『仕事で悩まない減価償却』（ロギカ書房）
『仕事で使える管理会計』（ロギカ書房）
『社会人になったら知ってほしい・人生のお金の話』（ロギカ書房）
『君たち中学生・高校生が学ぶ会計』（ロギカ書房）
『会計思考で理解する 会社のお金の流れと管理』（ロギカ書房）
『会計思考で不正取引を発見・防止するための本』（ロギカ書房）
『会計思考で成長する若手社員 入社5年目 秋山君の挑戦』（ロギカ書房）
『実践ビジネス・リスク・マネジメント』（大蔵財務協会）
『内部統制の実務』（中央経済社）
『財務報告に係る内部統制』（中央経済社）
『取締役・監査役の内部統制』（中央経済社）
『内部監査の実務』（中央経済社）
『税務調査で使える内部統制のつくり方』（中央経済社）

これならできる
地方自治体の内部統制整備

発 行 日　2025年4月30日

著　　　者　土田 義憲

発 行 者　橋詰 守

発 行 所　株式会社 ロギカ書房
　　　　　〒101-0062
　　　　　東京都千代田区神田駿河台3-1-9
　　　　　日光ビル5階B-2号室
　　　　　Tel 03（5244）5143
　　　　　Fax 03（5244）5144
　　　　　http://logicashobo.co.jp/

印刷・製本　藤原印刷株式会社

定価はカバーに表示してあります。
乱丁・落丁のものはお取り替え致します。
ⓒ2025　Tsuchida Yoshinori
Printed in Japan
978-4-911064-22-1　C2034

内部統制は、このままでいいのか！
導入を先導してきた第一人者が警鐘・解説。

これならわかる
内部統制整備の手続

元国際教養大学客員教授/公認会計士　土田 義憲
A5判・248頁・並製/定価：2,600円+税

効率的・効果的な仕事は
内部統制の塊です。

第1章　内部統制とはなにか？
第2章　内部統制に関する法律
第3章　リスクの種類と対応、業務手続との関係
第4章　内部統制整備の手順
第5章　担当者の知識・スキルのアップ
第6章　会社の意思決定業務に関係する内部統制
第7章　会社の基幹業務に関係する内部統制
第8章　会社の支援業務に関係する内部統制

【著者プロフィール】
著述業、公認会計士
新日本監査法人シニアパートナー、国際教養大学客員教授を経て、現職
【主な著書】
『仕事で悩まない減価償却』（ロギカ書房）
『仕事で使える管理会計』（ロギカ書房）
『社会人になったら知ってほしい・人生のお金の話』（ロギカ書房）
『君たち中学生・高校生が学ぶ会計』（ロギカ書房）
『会計思考で理解する 会社のお金の流れと管理』（ロギカ書房）
『会計思考で不正取引を発見・防止するための本』（ロギカ書房）
『会計思考で成長する若手社員 入社5年目 秋山君の挑戦』（ロギカ書房）
『実践ビジネス・リスク・マネジメント』（大蔵財務協会）
『内部統制の実務』（中央経済社）
『財務報告に係る内部統制』（中央経済社）
『取締役・監査役の内部統制』（中央経済社）
『内部監査の実務』（中央経済社）
『税務調査で使える内部統制のつくり方』（中央経済社）

仕事で使える　**管理会計**

元国際教養大学客員教授・公認会計士　土田 義憲　　A5判・234頁・並製　定価：2,400円

ある企業活動による収入が、
　その支出を上回るか否かを考えるための情報を提供するのが管理会計です。

仕事で悩まない　**減価償却**

元国際教養大学客員教授・公認会計士　土田 義憲　　A5判・192頁・並製　定価：2,400円

利益計算における減価償却の意味とは？
　仕事をする人が減価償却に惑わされることなく、正しい判断をするための本です。